LE BRO CODE

POUR DEVENIR UN PARENT LÉGENDAIRE

TRADUIT DE L'ANGLAIS (ÉTATS-UNIS)

PAR ANNE MAIZERET

Michel LAFON

Titre original
The Bro Code for Parents

Publié par arrangement avec Touchestone, filiale de Simon and Schuster, Inc., New York.

Première publication par Touchestone, filiale de Simon and Schuster, Inc., New York.

7-13, boulevard Paul-Émile-Victor — Île de la Jatte

À Marvin Attendélasuite Eriksen…

Puisse ce livre t'aider à vivre la vie géniale
que tes parents, Marshall et Lily, ne pourront jamais t'offrir.

DÉMENTI

Contrairement à ce que j'ai pu suggérer à un grand nombre de meufs canon, je ne suis pas, et n'ai jamais été, pédiatre accrédité, psychologue ou espion international. Par conséquent, les avis, les techniques et les conseils incroyablement complets présentés dans cette bible ne devront jamais être interprétés comme des faits communément acceptés, ni comme une vérité médicale scientifiquement prouvée, quand bien même ils seraient expressément présentés comme tels. Sauf la partie sur la réanimation respiratoire des bébés… Ça, c'est à peu près exact.

À noter : les parodies de vrais livres citées dans *Le Bro Code pour devenir un parent légendaire* ne sont en aucun cas affiliées au livre, et n'ont pas été faites en accord avec leur auteurs ou éditeurs… ce qui paraît assez évident, vu que le mien est bien plus énorme.

TABLE DES MATIÈRES

Introduction 9

Pourquoi j'ai écrit ce livre génial 11

À propos de ce livre génial 13

PREMIÈRE PARTIE : COMMENT TOMBER ENCEINTE 15

DEUXIÈME PARTIE : VOUS ÊTES ENCEINTE... ET ALORS ? 45

TROISIÈME PARTIE : LE STADE DU NOURRISSON 95

QUATRIÈME PARTIE : LE ROYAUME DE LA PETITE ENFANCE 139

Conclusion : Préparer l'avenir 187

Dépannage et FAQ 189

INTRODUCTION

Félicitations ! Si vous lisez cet ouvrage essentiel, c'est que vous avez pris la décision capitale de plonger la tête la première dans la piscine sans eau de la condition parentale. Votre monde s'apprête à changer fondamentalement et irréversiblement, dans des proportions que vous n'auriez jamais pu imaginer. Vous êtes excité, bouleversé et probablement un peu inquiet à l'idée d'élever un enfant, et assurément rongé d'appréhension concernant votre avenir…

- Serai-je un bon parent ?
- Ai-je les moyens d'offrir à mon enfant la vie qu'il/elle mérite ?
- Retrouverai-je un jour une vie sexuelle épanouie ?
- Une fois cet enfant expulsé de mon utérus, récupérerai-je un jour un corps super canon ?
- Puis-je vraiment aimer cet enfant autant que ma propre vie ?

Rassurez-vous, la réponse à toutes ces questions est un « non » franc et massif. Votre vie est finie, Bro. Complètement. Rideau ! Et devinez quoi ? On a tous voté et vous êtes le nouveau maire de Raté-sur-Lose. Enfin… évidemment, je n'ai pas voté, parce que je ne suis pas un raté. Mais vous savez qui en est un ? Vous. Un bon gros raté bien crétin.

Mais il y a de l'espoir. Ce n'est pas parce que soudain votre vie se mue en un gros étron en voie de fossilisation sur la toile de la vie que votre enfant devra être l'affolé du ciboulot mal dans sa peau, socialement inadapté et peu regardant sur l'hygiène que vous êtes sur le point de devenir. Et c'est pour cette raison que j'ai écrit ce livre : pour vous aider à élever un gamin génial, qui déchirera tout et qui vivra la vie légendaire dont vous n'êtes plus digne à cause de la décision émotionnellement et financièrement handicapante que vous venez de prendre. Mais, sérieux, merci d'avoir acheté ce bouquin.

POURQUOI J'AI ÉCRIT CE LIVRE GÉNIAL

Vous vous demandez peut-être pourquoi moi, Barney Stinson, alias « le roi de l'entrecuisse », j'ai écrit un livre sur la grossesse et la parentalité, alors que je ne suis pas père et que j'ai même passé la part du lion de ma vie d'adulte à user de la ruse pour éviter ce genre d'affliction, propre à vous ruiner une existence. La réponse est simple : le fric !!! Je plaisante. Je l'ai également rédigé parce que, lorsque mes amis Marshall et Lily ont donné naissance à leur premier enfant, j'ai compris que, sans moi, il n'acquerrait jamais certaines compétences utiles dans la vie comme mettre le feu à des insectes, remonter sous une jupe ou encore dissimuler stratégiquement une érection.

Alors, je pouvais peut-être en aider d'autres. Et pourquoi voudrais-je en aider d'autres ? Parce que cela me tient à cœur.

- Me tiennent à cœur les innombrables jeunes parents qui sacrifient stupidement leur vie dans le seul but d'élever des enfants qui croient que le foot est un vrai sport.
- Me tiennent à cœur les millions d'enfants à qui l'on apprend à « partager » et à « écouter », au lieu de « mentir » et d'« utiliser autrui pour parvenir à ses fins » qui sont, elles, des compétences réelles.
- Et surtout, l'Amérique me tient à cœur.

C'est vrai que, quand on songe à Barney Stinson, on pense immédiatement à une chose : « pénis géant multi-orgasmique ». Juste après, on pense « patriote dévot… qui se trouve être doté d'un pénis géant multi-orgasmique ». Vous voyez, je crois que dès la prochaine génération, les Américains pourront surmonter les manquements de leurs nuls de parents et devenir un jour aussi géniaux que moi. Nous serons alors non seulement la plus grande nation de la planète, mais surtout la mieux fringuée[1].

En résumé, j'ai écrit ce livre parce que les soi-disant « experts de l'éducation » mènent nos enfants sur la mauvaise voie. Et pas du tout parce que mes amis Marshall et Lily viennent d'avoir un bébé et que je suis terrifié à l'idée de perdre toute importance à leurs yeux… à moins de paraître savoir plein de trucs cools sur les bébés. Alors, je ne vois pas pourquoi vous osez émettre une telle hypothèse.

[1] Note aux lecteurs étrangers. Ne soyez pas offensés par mon patriotisme. S'il y a bien une leçon que nous avons apprise au cours des dix dernières années, c'est que le monde entier aime l'Amérique… vous y compris, que ça vous plaise ou non.

À PROPOS DE CE LIVRE GÉNIAL

J'ai organisé *Le Bro Code pour devenir un parent légendaire* de manière chronologique, pour vous guider depuis le moment où vous introduirez un bébé dans le ventre d'une femme jusqu'à la sortie du bébé dudit ventre, puis à son inscription bienvenue à la maternelle… En gros, toute l'étendue de l'éducation parentale.

Disséminés dans le livre, se trouvent un certain nombre d'histoires, de chansons et d'exercices visant à insuffler un peu de fun dans le processus d'apprentissage. Par exemple, préféreriez-vous asseoir votre fils sur une chaise et lui faire la leçon sur les différences entre les filles et les garçons, ou bien lui transmettre cet enseignement fondamental grâce à la comptine illustrée des *Trois Petits Minous* ? N'hésitez pas à passer directement à ces interludes quand vous le souhaiterez, parce qu'il est important d'enseigner à votre enfant dès son plus jeune âge que la lecture, c'est naaaaaze !

Enfin, essayez de vous amuser à la tâche. Le fait d'être parent devrait être l'aventure la plus gratifiante dans laquelle vous vous soyez jamais lancé. Perso, c'est pas mon truc ; mais c'est ce que tout le monde dit, alors ça doit être vrai.

Si, après la lecture de ce guide détaillé et bourré d'informations, vous vous trouvez toujours un peu perdu dans le rôle de parent, rappelez-vous simplement, à la fin de la journée, que le but est assez simple !

Élevez une fille qui ne deviendra pas strip-teaseuse plus tard,
et un fils qui s'en tapera au moins une.

Bon courage !

PREMIÈRE PARTIE

COMMENT TOMBER ENCEINTE

Si vous lisez ce livre, c'est soit que vous êtes enceinte, soit que vous mourez d'envie de l'être. Si vous attendez déjà un heureux événement, félicitations ! N'hésitez pas à passer directement au chapitre suivant, ou du moins à sauter le prochain paragraphe.

Si vous n'êtes pas enceinte, c'est votre dernière chance d'éviter de commettre ce qui pourrait être la plus grosse erreur de votre vie. Les enfants, c'est bruyant et ça coûte cher, ça pue et ça coûte cher. Pire : même si vous êtes déterminée à en avoir un, il peut se révéler plus difficile que vous ne le croyez de produire un boulet de chair baveux qui risque de vous peser jusqu'à votre mort, voire très vraisemblablement encore bien longtemps après.

Vos parents ou un professeur bien intentionné vous ont peut-être laissé entendre que vous pouviez tomber enceinte simplement en ayant des rapports sexuels. Comme je l'ai expliqué à d'innombrables jeunes personnes lors de séminaires privés à travers le monde, c'est purement et simplement faux… à condition de ne plus jamais se parler, se trouver face à face ou même communiquer.

La vérité sur le sujet, c'est que la route de la grossesse peut être ardue, douloureuse et forte en émotions. Vous gâcherez peut-être plusieurs années et des milliers de dollars avec pour unique preuve de vos efforts un léger boitement et quelques bleus étonnamment situés, en souvenir de tous les trucs bizarres qu'avec un peu de chance il vous faudra essayer au pieu.

Donc, avant que vous franchissiez les premières étapes d'une dépression garantie sous une forme ou une autre, il est important que vous vous prépariez à tout ce qu'implique votre souhait de tomber enceinte.

ÊTES-VOUS PRÊT À DEVENIR PARENT ?

Lorsque vous envisagez d'avoir un enfant, la première question que vous devez vous poser est : « Là, tout de suite, suis-je sobre ? » Nous avons tous déjà pris une décision malheureuse en état d'ivresse, que ce soit rejouer la scène où Michael J. Fox en loup-garou surfe sur le van de son pote dans le film *Teen Wolf*, ou coucher avec une nana souffrant de calvitie, ou bien réquisitionner un cheval de la police pour fuir une nana souffrant de calvitie… mais il s'agit là d'une décision trop importante pour qu'on puisse la prendre sous l'emprise de l'alcool.

La question que vous devez vraiment vous poser est la suivante : « Suis-je prêt à devenir parent ? » Devenir mère ou père nécessite une série complète de nouvelles responsabilités, comme…

- Rentrer à la maison tous les soirs avant 3 heures du matin.
- Troquer votre garde-robe pour des pulls horribles et des futes taille haute.
- Regarder et avoir un avis précis sur l'épisode de la semaine des *Maçons du cœur*.
- Payer des impôts.
- Coucher presque exclusivement avec une seule personne.

Des changements de vie de ce type rendent bien des personnes nerveuses, et on les comprend : elles ne se sentent pas prêtes à abandonner une vie sociale stimulante, une mobilité géographique, un bon revenu disponible, une conscience de soi gratifiante, une tranquillité relative, de l'exercice, un agenda souple et des habitudes de sommeil régulières pour la joie d'essuyer de la diarrhée sur des jambes, des mains et un visage de bébé.

Pour vous aider à répondre à la question de votre état de préparation en matière de parentalité, essayez de remplir le quiz de mode de vie suivant.

QUIZ DE MODE DE VIE

Sur une échelle de 1 à 5 – 1 pour « quelques heures » et 5 pour « à tout moment de la journée » –, combien de temps accordez-vous chaque jour aux activités suivantes.

ACTIVITÉS	QUELQUES HEURES				À TOUT MOMENT DE LA JOURNÉE
Laser tag	1	2	3	4	5
Porno	1	2	3	4	5
Jeux vidéo	1	2	3	4	5
Vanner des Bros sur des histoires de jeux vidéo	1	2	3	4	5
Picoler	1	2	3	4	5
Gérer vos investissements financiers	1	2	3	4	5
Gérer vos paris sportifs en ligne	1	2	3	4	5
Imaginer des scénarios originaux sur « Lequel des deux est le plus fort ? »	1	2	3	4	5
Jeter des trucs par la fenêtre	1	2	3	4	5
Être génial	1	2	3	4	5

Additionnez vos réponses pour connaître votre score de Mode de vie et référez-vous ensuite aux résultats ci-dessous.

SCORE DE MODE DE VIE

De 10 à 25 **Pauvre type** – Un bébé ne dérangera pas vraiment votre vie pathétiquement naze. Allez-y, faites-en péter un !

De 26 à 40 ***No man's land*** – Il est temps soit de vous consacrer à une vie épanouissante pleine de défis enrichissants, soit d'y renoncer et d'avoir un enfant.

De 41 à 50 **Légendaire** – Vous accomplissez votre rêve. Voulez-vous vraiment le gâcher pour un gamin que vous ne connaissez même pas ?

ÊTES-VOUS PRÊT FINANCIÈREMENT ?

Un autre facteur important dont il vous faut tenir compte lorsque vous envisagez de devenir parent est votre situation financière. Même les bébés les moins chers coûtent jusqu'à 20 dollars par mois, somme qui, mise en perspective, représente à peu près le prix de deux chaînes du câble payantes… et je ne sais pas si vous regardez, mais Showtime a vraiment relevé son niveau.

Comme c'est souvent le cas lorsqu'on prend une décision importante, il est utile de marquer une pause pour coucher les choses sur le papier. Et lorsque vous aurez rendu une rapide visite à votre collection de magazines pornos, vous voudrez peut-être envisager de monter un budget bébé.

Vous trouverez ci-contre un tableau où figurent les différentes considérations financières qu'un parent responsable aura peut-être à envisager au cours d'un mois type.

BUDGET BÉBÉ MENSUEL TYPE

(En dollars américains… ben ouais !)

CATÉGORIE	COÛT
NOURRITURE POUR BÉBÉ	
Smacks de Kellogg's (72 paquets individuels)	160,00 $
Red Bull (10 packs)	190,00 $
Nouilles chinoises (lot de 24 sachets)	5,52 $
DÉPENSES MÉDICALES	
Doliprane	13,22 $
Sparadrap	7,99 $
GARDE-ROBE	
Bodies jetables	350,00 $
Remplacement de vos costumes/tenues de créateurs pour cause de vomi	12 500,00 $
Couches	0,00 $ (Les serviettes du McDo ne coûtent pas un centime.)
JOUETS	
Vieille balle de tennis	0,00 $
Sacs plastique	0,00 $
Quad 450 cm^3	6 999,00 $
DIVERTISSEMENT	
Coffret intégral de *Sur écoute*	150,00 $
Sacs plastique	*Voir ci-dessus*
Permis + nourriture pour bébé panthère	900,00 $
ÉDUCATION	
Cours de magie	500,00 $
Halte-garderie avec champagne pour les adultes	1 200,00 $
Prof particulier de Laser tag	0,00 $ (mais prévoir clopes et magazines coquins à discrétion pour le prof)

GARDE D'ENFANT	
Salaire d'une nounou super canon à plein temps	3 000,00 $
Repas d'une nounou super canon à plein temps	400,00 $
Coût pour accélérer/empêcher l'obtention d'un permis de travail pour une nounou super canon à plein temps	10 000,00 $ (donations à des partis politiques)
Frais d'avocat pour contrer la plainte pour harcèlement déposée par une nounou super canon à plein temps	65 625,00 $
Dessous de table pour acheter le silence de la nounou super canon après échec de la défense	5 000,00 $
TOTAL DES DÉPENSES MENSUELLES POUR UN BÉBÉ	**107 000,73 $**

CHOISIR UN(E) PARTENAIRE

Quoi qu'il en soit, il va vous falloir un représentant du sexe opposé pour concevoir un enfant. Bien que la plupart des conceptions procèdent d'une partie de baise ou « coït », très souvent la personne que vous voulez le plus coïter n'est pas le partenaire idéal.

Cela est dû à trois principaux facteurs.

1. **LA GÉNÉTIQUE**
   Votre enfant recevra 50 % de son ADN de votre part et 50 % de la part de votre partenaire. Cela signifie que, même si vous êtes totalement génial(e), vous ne pourrez espérer au mieux qu'un enfant à moitié génial si vous vous tapez un(e) gros(se) raté(e). C'est pour ça que les enfants de Kevin Federline sont un désastre.
2. **LA COMPATIBILITÉ**
   Légalement ou non, vous serez lié à votre partenaire durant toute la vie de l'enfant. Cela peut causer de sérieux problèmes s'il parle une autre langue, respecte des valeurs archaïques, n'a jamais été au lycée ou s'il est originaire du Kansas, tout cela à la fois.
3. **LA CANONITUDE**
   Comme abordé dans *Le Bro Code* et autres ouvrages de référence, les canons ont tendance à être plus cinglés, plus méchants et plus crétins que la moyenne. Ironie du sort, ce sont les qualités qui les rendent si attirants

qui en font précisément de piètres parents. Sauf les gros nénés. Ça, c'est gagnant-gagnant pour tout le monde.

Lorsque vous aurez décidé que vous voulez un enfant, veillez à tenir compte de la personne avec qui vous allez l'avoir. Que vous soyez en chasse ou en couple, vous souhaiterez peut-être garder sur vous cette liste très utile et vous assurer que tout partenaire potentiel remplisse toutes les cases, avant de lui remplir la sienne (eh ouais !).

CHECK-LIST DU PARTENAIRE AVEC QUI DEVENIR PARENT

Vous avez envie de coucher avec elle/lui	☐
Et en auriez envie même à jeun	☐
Et même lorsqu'elle/il aura pris 15-20 kilos	☐
Elle/il a l'air riche	☐
Elle/il mesure plus de 1,64 mètre (personne n'aime les petits)	☐
Elle/il n'a pas évoqué la Résurrection au cours des quinze dernières secondes	☐
Elle/il a l'air de pouvoir engendrer une star du sport, un entrepreneur en nouvelles technologies ou un gagnant au Loto	☐
Vous avez encore envie de vous la/le faire	☐
Elle/il a l'air d'être quelqu'un que le fait de changer des couches intéresse plus que vous	☐
Elle/il n'est pas de la même famille que vous et ne vous ressemble pas suffisamment pour pouvoir plus tard peut-être se révéler être votre cousin(e) depuis longtemps disparu(e)	☐
Pour l'heure, elle/il ne porte pas de badge ou autre souvenir de l'Association nationale de stock-car	☐
Son nom ne ressemble pas à celui d'un tueur en série	☐

LA SCIENCE

Malheureusement, il n'existe pas de consensus scientifique fort sur l'origine des bébés. La théorie la plus récente allègue que les bébés sortent par le vagin des femmes et non d'un baluchon livré par une cigogne, mais personne n'a encore été capable de le prouver. Il nous manque encore les compétences technologiques pour nous rapetisser suffisamment afin de pouvoir explorer tous les méandres de l'appareil reproducteur féminin[1].

Parce que la reproduction humaine constitue largement une science marginale, nous devons nous fier à des modèles complexes et hypothétiques. Puisque le jargon scientifique peut parfois être confus et ennuyeux, j'ai résumé la théorie la plus populaire dans ces planches faciles à comprendre.

[1] Des essais préliminaires sont toutefois en cours. Pour en savoir plus, je vous invite à regarder *L'Aventure intérieure*, excellent documentaire avec Dennis Quaid, Martin Short et Meg Ryan quand elle avait encore figure humaine.

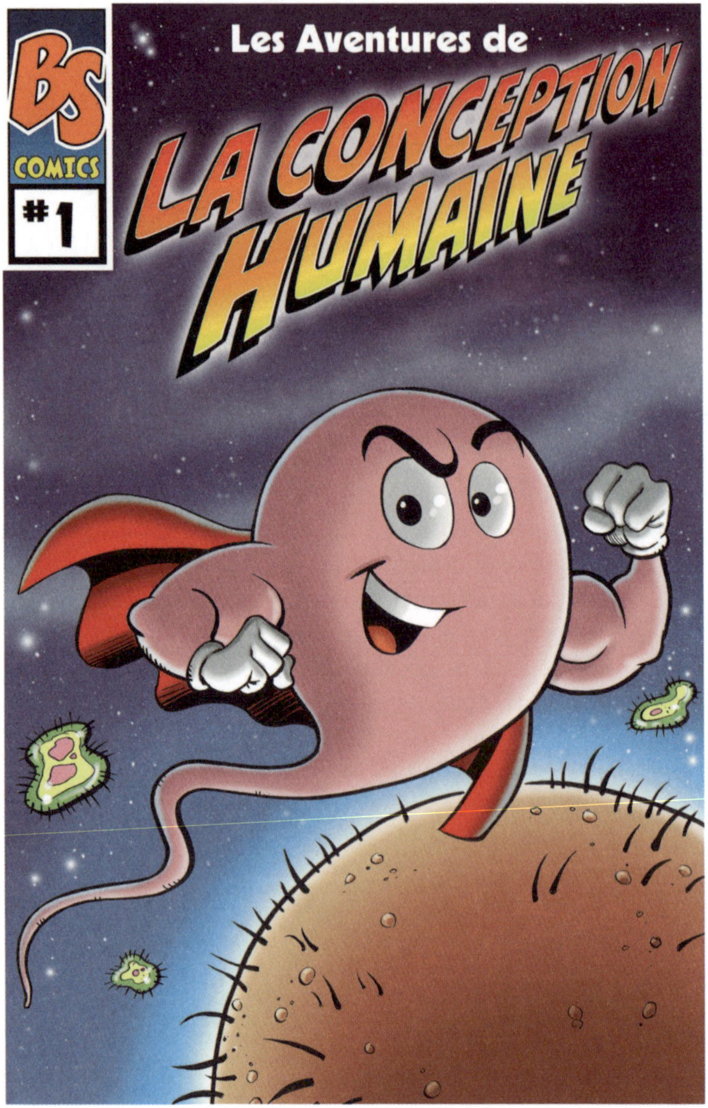
BS
COMICS
#1
Les Aventures de
LA CONCEPTION
HUMAINE

ALORS QU'IL CONTEMPLE CE PAISIBLE CANYON, NOTRE HÉROS REMARQUE SOUDAIN LA FORME CARACTÉRISTIQUE D'UN SIGNAL DE SPERME.
ENFILANT SON FIDÈLE COSTUME DE MOTILITÉ, NOTRE HÉROS SE JETTE VAILLAMMENT DANS L'ACTION À LA FORCE DE SON PUISSANT FLAGELLE
PENDANT CE TEMPS-LÀ, AU CŒUR DU ROYAUME, DE MÉCHANTS ÉLÉMENTS TENTENT DE NUIRE À LA PRINCESSE ŒUF...

NOTRE HÉROS COURT CONTRE LA MONTRE
À TRAVERS LES CAVERNES DE FALLOPE,
TRAITREUSEMENT ÉTROITES...
...ET SAUVE LA PRINCESSE ŒUF QUELQUES
SECONDES AVANT QU'ELLE NE CONNAISSE
UN DESTIN TRAGIQUE DANS L'ALLÉE DU TAMPON...
NOTRE HÉROS RECUEILLE LES BÉNÉFICES DE SON GESTE
TANDIS QUE COMMENCE LE MIRACLE DE LA VIE.

LE TIMING

Selon les scientifiques, un bébé naît en gros trente-huit semaines après sa conception. (Et quand je dis « en gros », je le pense vraiment.) Par conséquent, vous avez un semblant de contrôle sur la date de naissance de l'enfant. Vous devrez donc agir de manière responsable et user de contraception si vous voulez vous assurer que l'échéance ne coïncide pas avec un impératif important et immuable comme votre voyage annuel à Vegas avec vos potes.

La meilleure planification familiale commence en pensant à l'avenir. Dans cette optique, vous tâcherez d'éviter de baiser fin mars, parce que personne n'a envie de gâcher ses précieuses vacances de Noël dans un hôpital pour apporter des fleurs moches et faire semblant que votre nouveau-né ne ressemble pas à un modèle réduit de Mickey Rooney.

Vous tâcherez également de faire tout ce qui est humainement en votre pouvoir pour éviter que le terme tombe pile poil au milieu de la saison de football américain. La dernière chose que vous souhaitez est que votre enfant, au cours d'une recherche sur Internet, découvre que le jour sacré et magique de sa naissance, vous avez pris le temps de vous connecter pour vanner les autres parieurs d'avoir misé sur Adrian Peterson malgré sa rupture du ligament croisé la semaine précédente, qui aurait dû mettre un terme à sa saison… Je veux dire, sérieux, ça ne prend que cinq minutes de chercher sur Internet avant le début du match, Ted.

Pour vous aider à prévoir le terme à une date acceptable, voici quelques dates clés à éviter.

DATE DE L'ACTE	DATE DU TERME	DILEMME
31 janvier	Halloween	Confondre la nana déguisée en infirmière coquine avec une véritable infirmière pourrait être gênant/passible de poursuite.
21 mars	AVN Awards	Nouveau-né facilement éclipsé par d'autres individus tout aussi nus.
1er avril	Nouvel An	Bon courage pour trouver un taxi qui vous conduira à l'hôpital !
24 mai	Oscars	Difficile de critiquer les tenues des actrices quand on porte des chaussons de bloc opératoire, la chemise de bricolage de son mari et que sa coiffure tient avec du liquide amniotique.
15 juin-1er juillet	Championnat de basket	Oh allez, mec !
17 juin	Saint-Patrick	Les seules secrétions corporelles que vous devriez être en train de nettoyer en ce jour sacré sont les vôtres.
3 juillet	Début de la saison de *Game of Thrones*	Vous pourriez le regarder plus tard, mais alors vous n'auriez plus rien à raconter au travail.
14 octobre	14 Juillet	Vous allez vraiment gâcher votre pont pour ça ?

L'arbre
généreux
par
Barney
StinsonStein

AVOIR UN (PETIT) COUP DE CHANCE…

Pour je ne sais quelle raison, se faire mettre en cloque n'est pas gagné d'avance, même si vous avez réussi à trouver un partenaire. Il n'y a pas de garantie que vous tombiez enceinte malgré un parfait timing, des spermatozoïdes capables de transpercer le granit et des ovules si fertiles qu'ils en feraient rougir une fondamentaliste mormone si elle le pouvait sans avoir reçu la permission.

L'ironie, c'est que cette incertitude était autrefois votre meilleure amie. Combien de fois vous êtes-vous agenouillée, tête basse, pour remercier le Ciel de ne pas vous avoir punie de vous être agenouillée tête basse ? Bien sûr, maintenant que vous essayez de tomber enceinte, au lieu de vous préparer à fuir le pays au moindre soupçon de retard menstruel, on dirait soudain que c'est la chose la plus difficile du monde… bon, la deuxième chose la plus difficile du monde (allô !).

L'important, c'est de ne pas paniquer : le fait que vous ne soyez pas enceinte après des heures, voire des jours, de baise ne signifie pas que vous avez un *drive-in* abandonné à la place de l'utérus ou que le sperme de votre partenaire est l'équivalent olympique d'Éric Moussambani, le nageur de Guinée équatoriale qui, je crois, est toujours en train d'essayer de finir le 100 mètres nage libre des jeux Olympiques qui se sont tenus en 2000 à Sydney. Aussi frustrant que cela puisse paraître, tout ce que vous pouvez faire, c'est vous acharner charnellement.

Au fil des mois, vous commencerez peut-être à avoir l'impression que faire l'amour, c'est comme aller au bureau, et vous serez tentée de renoncer ou de déménager aux Pays-Bas où, au moins, vous pourrez gagner votre vie correctement en même temps. Si le sexe perd de son charme, essayez d'épicer la situation à l'aide de mon générateur de jeux de rôle sexuels, le seul générateur de jeux de rôle actuellement certifié par la Société thaïlandaise de films pour adultes.

GÉNÉRATEUR DE JEUX DE RÔLE SEXUELS

Lancez les dés pour chaque catégorie, rassemblez vos costumes et vos accessoires et laissez libre cours à votre imagination. Par exemple, si une petite veinarde et moi-même tirions 4, 2, 1, 6, 3, 4, nous nous procurerions simplement un boomerang et un skate-board, nous déguiserions en pompier et en sumo, et parlerions des « petites fleurs et des abeilles » tout en répétant la phrase : « Ouaip, z'avez des termites. » Note : pour un meilleur résultat, essayez d'immortaliser la soirée en DVD.

	ACCESSOIRE 1	ACCESSOIRE 2	DÉGUISEMENT 1	DÉGUISEMENT 2	SCÉNARIO	PHRASE SEXY
1	Ventouse	Ballon lesté	Pompier	Samouraï	Refoulement des recenseurs	« Bouteille ou pression ? »
2	Échasses à ressort	Skate-board	Scaphandrier du XIXe siècle	Cycliste de compétition	Employé qui demande une augmentation	« Puisque tu trouves ça cool, tu n'as qu'à fumer tout le paquet. »

	ACCESSOIRE 1	ACCESSOIRE 2	DÉGUISEMENT 1	DÉGUISEMENT 2	SCÉNARIO	PHRASE SEXY
3	*Skimmer* de piscine	Mousquet de confédéré	Pilote de chasse	Mascotte de l'équipe de Philadelphie	Discussion sur « les petites fleurs et les abeilles »	« Vous savez à combien vous rouliez ? »
4	Boomerang	Grizzly en peluche	Père Noël	Robot	Guichet de *drive-in*	« Ouaip, z'avez des termites. »
5	Raquette de ping-pong	Boîte à outils à plusieurs niveaux	Pirate	Éclaireuse	Badineries de la présentatrice avec le reporter	« Je vous enlève la croûte ? »
6	Gilet de sauvetage	Basson	Clown de rodéo	Sumo	Des voisins qui se disputent les limites de leur propriété	« Il a pris un tampon, mais a quand même envoyé le ballon entre les perches. »

LA NOUVELLE

Apprendre que vous êtes enceinte est la découverte la plus excitante de toute votre vie, juste après tomber par hasard sur deux M&M's soudés ou se rendre compte que votre abonnement au câble inclut la chaîne de télé roumaine Spice. Quoi qu'on en pense, ce petit signe « positif » signifie que votre vie est sur le point de changer de manière significative, à commencer par l'arrêt bienvenu des séances où vous deviez chevaucher ce gros tas de chair informe que vous appelez votre mari.

Vous serez tentée d'afficher la nouvelle sur Tweeter sur-le-champ pour informer tout le monde : vos parents, vos amis, cette fille dans la cabine d'à côté qui a suivi votre parcours avec le fanatisme flippant dont seule peut faire preuve une éleveuse de chats pleine d'acné, mais la prudence vous dicte d'attendre. De plus, il est temps d'en parler au futur papa et, tout comme les nombreux bâtonnets pleins d'urine étalés devant lui, cela requiert de la délicatesse.

Il vaut mieux le lui annoncer de vive voix, parce que la lecture d'un texto qui dirait « Je suis en cloque ! ;) » pourrait le faire tomber direct de sa moto. Vous choisirez un moment où il n'est pas trop préoccupé. Par exemple, si l'une de ses équipes joue un match décisif, vous devriez attendre qu'elle ait gagné. Si elle perd, mieux vaut attendre qu'il ait fini de réduire la table basse en miettes à coups de hache.

Les gars, efforcez-vous de rester calme et impassible quand vous apprendrez la nouvelle. Les femmes sont très sensibles au langage corporel, et vous ne voulez pas éveiller la nervosité de la vôtre en pâlissant immédiatement et en vomissant violemment partout sur vous.

Pour être sûr d'exprimer le soutien par votre attitude quels que soient vos sentiments, contentez-vous de suivre mon Traducteur émotionnel…

CE QUE VOUS AVEZ ENVIE DE DIRE	CE QUE VOUS DEVRIEZ DIRE
« Hmm, j'en connais un qui ne va pas s'acheter son hors-bord, finalement. »	« Super ! C'est une super nouvelle ! Vraiment… super. »
« Tu te souviens d'Erica ? Mon ex qui était décidément plus libérée au lit ? Comment ça se fait qu'elle ne soit jamais tombée enceinte, elle ? Hein ?! »	« J'y crois pas ! C'est incroyable ! On devrait fêter ça ! Des idées ? »
« Désabonne-toi ! »	« Énorme ! »
« Je suppose que maintenant, tu vas vouloir utiliser le bureau comme chambre d'enfant et non plus comme sanctuaire pour les objets rares de *Star Wars* que j'ai collectionnés toute ma vie ! »	« C'est formidable, chérie ! Bon sang, tu vas avoir assez de place ? On devrait peut-être envisager de trouver un endroit plus grand… »
« $*@& !!!!!!!!!!!!!!!!!! »	« Waouh ! Tu me laisses cinq minutes pour sortir digérer cette nouvelle qui va changer ma vie ? Si ça ne t'ennuie pas, je vais prendre cette table basse avec moi et la passer à la hache. »

COMMENT SAVOIR SI VOUS ÊTES ENCEINTE ?

Facile. Tu grossis, ma poule ! Je plaisante, même si, à un moment ou à un autre, vous allez clairement finir par engraisser. La bonne nouvelle, c'est que notre capacité à déterminer une grossesse s'est progressivement améliorée depuis le néolithique, où l'on ne s'en apercevait que quand un bébé hurlant se pointait et venait gâcher un rassemblement entre copines jusque-là parfaitement agréable. Bien que les naissances surprise se produisent encore de nos jours dans des coins isolés du monde où l'on déniche les candidates de *J'ignorais que j'étais enceinte*, il existe des tests de grossesse fiables depuis des milliers d'années.

Dans l'Égypte ancienne, les femmes urinaient dans des récipients remplis de grains d'orge et de blé. S'ils germaient, c'est qu'elles étaient enceintes. Sinon, ça leur faisait un fût de bière plutôt forte à savourer après une longue journée de construction de pyramide. Heureusement, grâce aux avancées significatives de la technologie moderne, il existe des systèmes bien plus précis sur lesquels les femmes peuvent uriner.

Les tests de grossesse modernes vont de celui à faire à la maison à l'examen immunologique qui décèle la présence d'HCG[1]. La bonne nouvelle, c'est que

[1] HCG, hormone gonadotrophine chorionique, à ne pas confondre avec IVG qui, non sans ironie, est la méthode la plus radicale de contrôle des naissances.

les tests à faire à la maison, nettement plus abordables, sont fiables à 75 %, et même jusqu'à 96 % quand ils sont utilisés par des gens qui ont compris que seule la femme doit faire pipi dessus.

LES GROSSESSES NON DÉSIRÉES

J'aimerais prendre quelques instants pour aborder un sujet délicat : les grossesses non désirées. Elles peuvent toucher tout le monde, et pas seulement les personnages de la Bible ou d'un téléfilm de l'après-midi. Elles peuvent même concerner les mecs, comme nous l'avons appris il y a dix-huit ans quand Emma Thompson a engrossé Arnold Schwarzenegger. Véridique.

Malheureusement, pas besoin d'un « heureux accident » pour détruire rapidement un couple par ailleurs tout à fait bien portant. Il suffit d'une simple remarque désinvolte comme quoi elle se tape Eric, le type orange de la salle de sport, pour que soudain ce soit la troisième guerre mondiale.

Pour vous aider à éviter ce scénario pas joli-joli, j'aimerais m'adresser aux femmes et aux hommes séparément dans l'espoir que vous serez capable d'analyser ces conseils calmement et que votre couple ressortira de cette épreuve plus sain, plus fort et peut-être, seulement peut-être, prêt à devenir une famille.

POUR ELLE

OK, vous êtes enceinte. Il est temps de vous asseoir pour passer en revue votre éthique, votre situation financière et votre état émotionnel global.

- Êtes-vous prête à devenir une mère aimante et responsable ?
- Voulez-vous que cet homme soit le père de votre enfant ?
- Avez-vous tiré tout ce que vous vouliez de cet Eric ?

Si vous êtes certaine d'être prête, vous devrez aborder prudemment le sujet avec le père.

Mieux vaut commencer par réaffirmer vos sentiments à son égard, puis lui expliquer patiemment la situation. Laissez-le digérer l'information et efforcez-vous de ne pas juger le moindre mouvement facial ou corporel involontaire qu'il pourrait avoir. Dites-lui que vous comprenez qu'il ait besoin de temps pour décider s'il est vraiment prêt à avoir un enfant, et acceptez de réaborder le sujet quand il y aura bien réfléchi.

POUR LUI

Niez immédiatement qu'il est de vous. La seule façon d'établir la vérité, c'est de faire un test de paternité, et vous vous serez cassé bien avant que cela puisse se produire, ou du moins serez-vous bien placé sur la liste d'attente pour être invité chez Jean-Luc Delarue.

LES COMPLICATIONS

Si vous n'êtes toujours pas enceinte après des mois, voire des années de tentatives, vous êtes peut-être confrontée à un contretemps plus fâcheux que la fatigue émotionnelle, le malaise sexuel ou les irritations du scrotum… Je parle, bien sûr, de l'infertilité.

Si vous souffrez d'infertilité, il existe plusieurs possibilités.

1. **LA MÈRE PORTEUSE**
   Certaines femmes vous loueront avant tout leur utérus. Assurez-vous de choisir une femme en bonne santé, stable d'un point de vue affectif et pas tout à fait assez canon pour que le papa soit tenté d'aller faire un tour dans son vagin pour un petit bout d'essai.
2. **L'ADOPTION**
   De nombreuses mères se rendent compte après avoir accouché qu'elles n'ont simplement pas les moyens de s'occuper d'un enfant et le placent à l'adoption. Si les entretiens avec les agences d'adoption peuvent constituer une procédure longue et coûteuse aux États-Unis, il y a de bonnes affaires à faire si vous êtes d'accord pour embarquer un gamin d'un pays en voie de développement. Vous devrez probablement aller le chercher sur place, parce que les services postaux de bon nombre de ces pays ne sont pas fiables.
3. **LE BRONNEUR DE SPERME**
   Si le problème est masculin, vous pouvez vous procurer du jus à bébés en trouvant un donneur de sperme ou Bronneur de sperme. Puisque, en gros,

vous cherchez un type pour se taper génétiquement votre femme, il est légitime de vérifier certains éléments, comme les maladies qu'il a eues, sa personnalité et sa génialité globale. Si l'un de vos potes remplit le cahier des charges, vous pouvez suivre la procédure médicale onéreuse de collecte et d'implantation ou, si vous êtes d'humeur généreuse, bander les yeux de votre femme et faire rentrer votre pote en douce pendant votre rencard. À vous de voir.

Si vous cherchez le Bronneur de sperme parfait, je peux vous livrer mes propres gamètes, génétiquement supérieures, jusqu'au seuil de votre utérus. Merci de bien vouloir faire remplir le questionnaire ci-dessous à la future maman, et réfléchissez bien à ses réponses.

CANDIDATURE POUR LE SUPER SPERME DE BARNEY STINSON

1. Sur une échelle de 1 à 10 – 1 pour « bûche fossilisée » et 10 pour « *Elastic Woman* » –, quelle est votre souplesse ?

   1 2 3 4 5 6 7 8 9 10

2. Avez-vous déjà été qualifiée de « hurleuse » ? ❐ OUI ❐ NON

3. Votre mari/petit ami serait-il disposé à tenir une caméra pendant la procédure d'implantation ? ❐ OUI ❐ NON

4. Si des raisons de logistique l'exigent, verriez-vous un inconvénient à ce que les postulantes s'enchaînent ? ❐ OUI ❐ NON

5. Et qu'elles se menottent ? ❐ OUI ❐ NON

6. Pouvez-vous payer des frais d'inscription de 5 000 dollars en cash ? ❐ OUI ❐ NON

7. Attendez, vous ne comptez tout de même pas que je m'implique dans la vie de l'enfant, si ? ❐ NON

8. Si j'étais en safari, quel animal seriez-vous et que me feriez-vous ?

____

____

____

9. Selon quelle probabilité signerez-vous la déclaration sur l'honneur suivante : « Barney Stinson est l'amant le mieux monté et le plus satisfaisant que j'ai jamais eu. Vous devriez absolument vous le taper. » ?

❒ Plutôt probable ❒ Probable ❒ Très probable ❒ Genre totalement probable

10. Dans l'espace imparti, merci d'agrafer une photo récente de vous en pied, en train de laver un bolide.

DEUXIÈME PARTIE

VOUS ÊTES ENCEINTE… ET ALORS ?

Félicitations ! Il y a désormais un être humain qui grandit à l'intérieur de vous. Pendant les neuf prochains mois, cette créature va siphonner vos précieux nutriments, vous faire grossir le ventre jusqu'à ce qu'il atteigne la taille d'une cloche de plongée et accumuler 3-4 kilos avant de se propulser dans le monde en traversant la paroi de votre utérus.

La bonne nouvelle, c'est qu'il y a quand même plein de choses à faire pendant cette période unique de votre vie.

- **TROUVER UN PRÉNOM**
  Beaucoup de gens ne s'en rendent pas compte, mais c'est vous, et non l'hôpital, qui finissez par choisir le prénom de votre enfant. On me dit que « Barney » est un choix très prisé pour les garçons comme pour les filles.
- **S'EMPIFFRER**
  Maintenant que vous mangez pour deux, vous pouvez vous enfiler n'importe quoi dans le gosier sans que personne ne bouge un cil. Ce sera la seule et unique fois de votre vie où non seulement vous aurez le droit de consommer un milk-shake au bacon, fromage et Oreo à l'aide d'une saucisse sur bâtonnet, mais où en plus on vous y encouragera.

- **GROSSIR DES SEINS**

  Une chose que le père et vous apprécierez ensemble est le gonflement de vos doudounes, qui peuvent atteindre un bonnet E, voire plus. Le plus beau ? Votre nouveau pare-chocs ne vous aura pas coûté un centime ! L'inconvénient ? Une fois le gamin dehors, vos mamelles vont piquer du nez plus vite qu'un avion en papier raté.

Malheureusement, tous les changements ne seront pas positifs. Au cours de votre grossesse, vous prendrez pas mal de poids, vos pieds s'aplatiront jusqu'à atteindre la forme et la densité d'une poêle en fonte et la peau de votre visage se recouvrira d'une fine pellicule brillante… comme sur un œuf dur. En gros, vous aurez de la chance si vous sortez de cette épreuve en ressemblant au Bibendum Chamallow.

Félicitations !

LA CHRONOLOGIE

Comme un match de hockey, votre grossesse se divise en trois périodes qui, toujours comme un match de hockey, durent trois mois chacune. Ces « trimestres » servent de repères pratiques que l'on peut grosso modo définir comme suit.

Premier trimestre : vous êtes grincheuse.
Deuxième trimestre : vous êtes radieuse.
Troisième trimestre : vous faites dans votre froc de grossesse.

Voici une chronologie qui répertorie les changements que subira votre corps à mesure que le bébé se développera au cours de la grossesse.

4 SEMAINES

Le cœur et la colonne vertébrale ont commencé à se former et votre enfant mesure environ 4 millimètres. Pour mettre les choses en perspective, il faudrait plus de cent enfants comme le vôtre debout sur les épaules les uns des autres pour atteindre la taille de Tom Cruise.

8 SEMAINES

Le cœur de votre enfant s'est mis à battre régulièrement, et ses organes sexuels à se développer… même s'il faudra douze ans avant qu'il commence à s'en servir régulièrement.

12 À 20 SEMAINES

Votre bébé a atteint 12 centimètres de long et ferme les paupières… probablement pour protéger sa vue de la croissance grotesque de votre ventre.

20 À 32 SEMAINES

Le bébé teste ses doigts de pieds et de mains nouvellement formés en bourrant de coups vos sensibles organes internes. C'est pas des manières de bro, ça, fœtus !

32 À 40 SEMAINES

Les poumons totalement formés, le bébé s'attache à emmagasiner les kilos et se prépare à tourner vers le bas sa tête en forme de pointe, couverte d'un léger duvet, en préparation de l'expulsion hors de votre vagin.

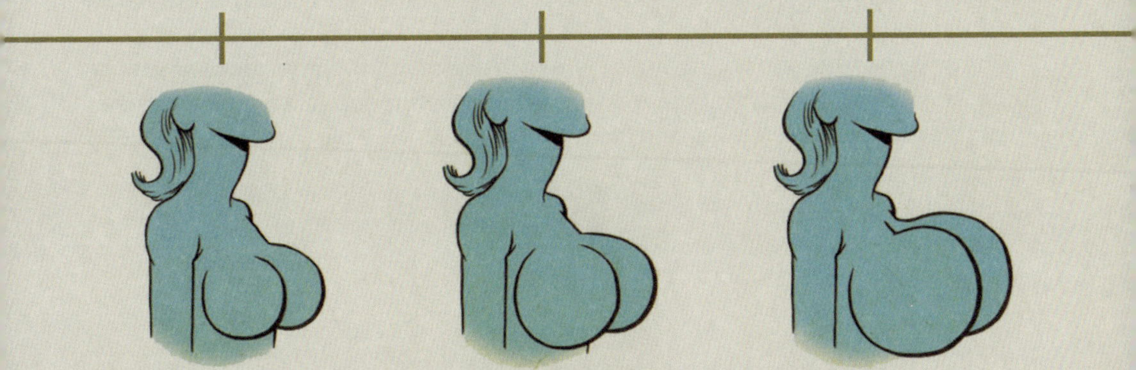

LE CONGÉ MAT'

Maintenant que vous êtes enceinte, vous aurez peut-être envie de prévoir un voyage en amoureux, afin de profiter d'un peu de temps tous les deux avant l'arrivée du bébé. Il est quasiment impossible de voyager avec des couches, de la nourriture, des jouets et un tire-lait. Alors, imaginez ce que ça donne avec un bébé et tout son bordel !

Puisque votre capacité à vous détendre et à vous relaxer disparaîtra à la seconde où votre bébé naîtra, je vous recommande d'entreprendre le voyage le plus irresponsable que vous pourrez vous offrir. Pour plus d'informations sur les meilleures destinations et les visites qui valent le coup, ne manquez pas ma série de guides touristiques, prochainement disponible.

LES NAUSÉES MATINALES

Au cours du premier trimestre, il n'est pas rare de souffrir de « nausées matinales », des nausées légères ou violentes provoquées par les changements hormonaux. Par bien des aspects, les nausées matinales ressemblent à une gueule de bois, des vagues intermittentes de haut-le-cœur aux vomissements incessants, en passant par le regret absolu de ce que vous avez fait pour en arriver là.

En raison de cette similitude, vous pouvez combattre les nausées matinales à l'aide de remèdes simples contre la gueule de bois.

- Gardez une bouteille d'eau ou de boisson énergétique à côté de votre lit pour éviter la déshydratation. (Vous devriez déjà avoir cette habitude, même si vous n'avez qu'une demi-idée de ce que vous faites au pieu.)
- Empiffrez-vous d'un tas de bouffe grasse. Si un restaurant propose du chili, assurez-vous d'en étaler absolument partout, y compris sur une autre assiette de chili.
- Portez des lunettes de soleil pour éviter d'être aveuglée et avoir l'air cool en toutes circonstances.
- Soignez le mal par le mal en retombant enceinte.
- Quelques taffes d'un joint, ça ne fait de mal à personne.
- Conservez un sac plastique dans votre sac à main pour pouvoir dégobiller en public tout en « cherchant vos clés ».

- Accordez-vous quelques heures dans un sauna ou un Jacuzzi[1].
- Six mots : marathon de *New York, unité spéciale*.
- Remplissez un sac hermétique de jus de coco et fixez-y une paille que vous enfoncerez dans la plus grosse veine que vous pourrez trouver pour vous fabriquer votre propre intraveineuse.
- Éliminez : faites 300 ou 400 abdos[2].

[1] Note de l'éditeur – Je suis quasiment sûr que c'est le pire conseil qu'on puisse donner à une femme enceinte.

[2] Note de l'auteur – Je suis quasiment certain qu'avec des commentaires comme ceux-ci, tu ne seras jamais enceinte. Oh non, c'est pas vrai !!! Désolé… c'était déplacé. Tu fais du super boulot. Vraiment.

ANNONCER LA NOUVELLE

Aussi tenté que vous puissiez l'être d'annoncer à tout le monde la grossesse, il est important d'être discret lorsque vous répandez l'information. Tout comme quand vous voulez vous tapez l'hôtesse canon sur votre vol Miami-New York, il faut choisir le bon moment, le bon endroit et la bonne façon de partager la nouvelle… Pour moi, ça s'est fait individuellement puisque, les autres passagers ayant quitté l'avion, j'ai pu la pointer du doigt.

Voici un organigramme qui vous aidera à comprendre à qui le dire et quand.

IMMÉDIATEMENT

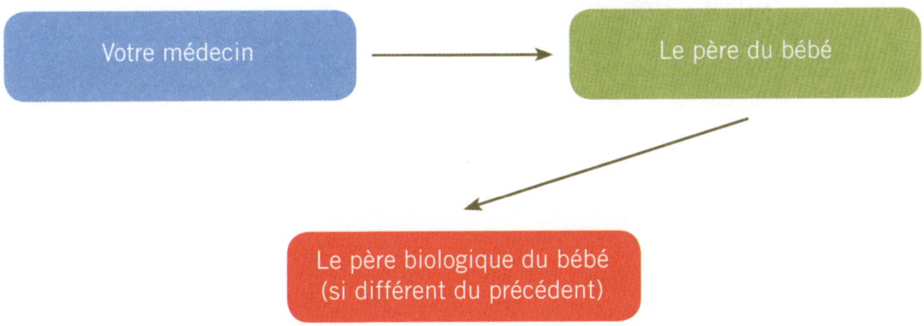

TROIS MOIS PLUS TARD

Votre père et votre mère → Le père de votre mari

TROIS MOIS ET DIX SECONDES PLUS TARD

→ La mère de votre mari (pour la faire bisquer)

→ Les frères et sœurs

→ Les grands-parents gentils mais un peu gâteux

→ Les grands-parents racistes

→ Les amis proches

→ Les animaux domestiques

→ Les amis pas trop proches mais friqués

QUATRE MOIS PLUS TARD

→ La vieille pétasse du yoga qui a 0 % de graisse corporelle mais toujours pas de mec. Dans les dents !

→ Votre patron

→ Des inconnus pris au hasard

→ Les grands-parents gentils mais un peu gâteux (*bis*)

LE MEILLEUR

L'une des rares joies de la grossesse, c'est l'augmentation mammaire gratuite. En prévision de l'allaitement, vos réservoirs vont immédiatement se mettre à grossir. On a rapporté des grossissements de l'ordre de quatre ou cinq mains par sein. Malheureusement, vous ne pourrez pas profiter de votre nouvelle devanture pendant très longtemps, car en quelques semaines votre bidon va les rattraper et vous finirez gonflée comme un ballon de la parade de Thanksgiving. C'est donc le moment d'essayer ce soutif en noix de coco, ou de défiler à un salon d'armes à feu, ou de heurter vos nénés telle une paire de congas en écoutant l'intro de *Sympathy for the Devil* des Rolling Stones. Vous devriez aussi prendre autant de photos de vous que possible, parce que vous ne serez plus jamais aussi sexy. Plus jamais. De nombreux experts recommandent même de mettre en scène et réaliser vos photos de famille maintenant, puisque vous pouvez toujours ajouter le gamin plus tard grâce à Photoshop.

RÉGIME

Vous avez sans doute entendu un paquet de déclarations aberrantes sur la nourriture, par exemple que vous ne pouvez pas manger de poisson pendant votre grossesse à cause du taux de mercure élevé. Ce n'est rien qu'un ramassis de bêtises naïves, comme quand on vous dit que si vous louchez vous resterez bloqué, ou que la masturbation rend sourd, ou quand un « médecin » désigne des chiffres sur votre « bilan hépatique » et déclare que, si vous n'arrêtez pas de boire trois packs de boissons énergisantes par jour, vous souffrirez très bientôt d'« insuffisance rénale chronique ».

En gros, sentez-vous libre d'ingérer tout ce qui vous fait plaisir. Les seules choses à éviter sont l'alcool, la drogue et les montagnes russes… Bref, tout ce qui a l'air marrant, évitez.

NOTE DE L'ÉDITEUR : L'endroit me paraît choisi pour rappeler aux lecteurs la présence du démenti légal en ouverture de ce livre, lequel affirme haut et fort que tout « conseil » contenu dans ces pages est dépourvu de toute vérité scientifique, de tout fondement médical et, dans le cas présent, de tout bon sens.

NOTE DE L'AUTEUR : On dirait qu'on a là un cas sexy de « Je t'aime, moi non plus », éditeur. Vous savez, on n'est jamais d'accord parce que, au fond, on se kiffe grave. On devrait s'envoyer en l'air. À votre avis ?

NOTE DE L'ÉDITEUR : Non.

CAPSULE TEMPORELLE

Tandis que vous préparez votre foyer pour le bébé en virant impitoyablement tout ce qui pourrait être jugé « dangereux » par un représentant officiel de l'État, vous souhaiterez peut-être mettre de côté tous les objets que vous ne pourrez plus utiliser quand le bébé sera là et les enfermer dans une capsule temporelle. Des années plus tard, quand vous aurez fini par vous débarrasser du boulet en l'inscrivant à la fac ou à l'armée, vous pourrez ouvrir la capsule et redécouvrir l'existence géniale dont vous jouissiez antérieurement au bébé. Quelques objets sentimentaux à envisager :

- *sex toys*
- armes
- articles de sport
- week-ends
- instruments de musique
- moto/décapotable/bateau
- bang
- pornographie gonflable
- cash
- n'importe quel pantalon qui ne soit pas un bas de jogging

LES MICHES DANS LE BUS

Les gens dans le bus disent : « Qu'est-ce qui pue ? »
« Qu'est-ce qui pue ? »
« Qu'est-ce qui pue ? »
Les gens dans le bus disent : « Qu'est-ce qui pue ? »
Toute la journée.

Le portable dans le bus fait « Bip bip bip »
« Bip bip bip »
« Bip bip bip »
Le portable dans le bus fait « Bip bip bip »
S'il y a du réseau !

Le chauffeur dans le bus dit : « Tuez-moi »
« Tuez-moi »
« Tuez-moi »
Le chauffeur dans le bus dit : « Tuez-moi »
Toute la journée.

Le taré dans le bus crie : « Ha ha ha ! »
« Ha ha ha ! »
« Ha ha ha ! »
Le taré dans le bus crie : « Ha ha ha ! »
Toute la journée.

Les *hipsters* dans le bus font : « Pfft pfft pfft »
« Pfft pfft pfft »
« Pfft pfft pfft »
Les *hipsters* dans le bus font : « Pfft pfft pfft »
Toute la journée.

Le junkie dans le bus dit : « Dope dope dope »
« Dope dope dope »
« Dope dope dope »
Le junkie dans le bus dit : « Dope dope dope »
Toute la journée.

Le petit hémophile fait « Plic ploc ploc »
« Plic ploc ploc »
« Plic ploc ploc »
Le petit hémophile fait « Plic ploc ploc »
Toute la journée.

Le braqueur dans le bus dit : « Aboule le fric »
« Aboule le fric »
« Aboule le fric »
Le braqueur dans le bus dit : « Aboule le fric »
Toute la journée.

AMÉNAGER SON NID DE GÉNIALITÉ

L'une des tâches les plus amusantes que vous aurez à accomplir sera de préparer la chambre du bébé. Vous y veillerez plus particulièrement puisque ce sera la première garçonnière de votre fils ou le premier poulailler de votre fille © (copyright à venir, Barney Stinson, 2012).

La première chose que vous devez faire, c'est « sécuriser » complètement votre foyer, ce qui implique simplement de dégager les centaines de paires de chaussures que vous ne porterez jamais (mesdames) et les centaines de magazines pornos que vous n'avez jamais vraiment « cachés » au fil des ans (messieurs… et mesdames aussi, je présume). Vous devez ensuite acheter des tas et des tas de merdes.

Comme vous pouvez le constater, la préparation à l'arrivée du bébé commence à coûter cher. La bonne nouvelle, c'est que vous pouvez faire des économies en recyclant des objets de votre vie de célibataire.

- La boîte géante de préservatifs que vous aviez achetée avec enthousiasme en prévision de votre voyage en hédonisme peut finalement être utilisée sous la forme de 144 socquettes en latex.
- La glacière R2D2 que vous avez volée à la supérette peut faire office de poubelle à couches. (« R2D-couche »… Alerte, idée à un milliard de dollars ! Vous écoutez, monsieur Lucas ?)
- Un diaphragme inutilisé ? Attachez-y un feutre fluo et collez-le sur la caboche de votre enfant en guise de béret festif.

Pour finir, vous pouvez économiser un paquet de blé en fabriquant vos propres décorations. Comme premier cadeau (outre la profusion de connaissances figurant dans ces pages), j'aimerais offrir à votre enfant un mobile au thème génial. Découpez simplement les images ci-après et accrochez-les au plafond au-dessus du lit de votre petit chéri.

MERDIER À ACHETER	COÛT ESTIMÉ
Parc pour bébé	200,00 $
Lit de bébé	500,00 $
Premier banc solaire du bébé	2 500,00 $
Table à langer en acier inoxydable, qualité médecin légiste	850,00 $
Chaise longue haute	2 200,00 $
Biberons	60,00 $
Nichons (hé hé)	30,00 $
Babyphone (émetteur-récepteur PRC-3088 sur fréquence militaire que vous pourrez réutiliser plus tard au Laser tag)	1 375,00 $
Siège massant en cuir	4 350,00 $
Peluche mignonne	GRATUIT Volée à un ami (Ted)
Caméra à fibre optique à insérer dans l'œil de la peluche pour espionner les tétées et les nounous	349,99 $
TOTAL	**12 414,99 $**

LE MÉDECIN

L'une des premières choses à faire une fois que vous êtes en cloque, c'est de choisir une gynéco-obstétricienne ou « doctoresse ». Vous devez trouver quelqu'un avec qui vous et le père soyez à l'aise. Pourquoi ? Parce que pendant les neuf prochains mois, cette inconnue va fourrer son nez partout dans votre intimité.

Lorsque vous passerez les médecins en revue, une question importante est de savoir la vitesse à laquelle elle peut mettre un terme à la délivrance. Un accouchement long signifie que vous allez manquer certains événements sportifs ou l'une de vos précieuses siestes, ou raquer un max de blé puisque les hôpitaux, comme les hôtels chics, font payer à l'heure.

Pour vous aider à choisir une gynéco-obstétricienne qui réponde à vos besoins, n'hésitez pas à utiliser le questionnaire ci-dessous.

INTERROGATOIRE DE LA GYNÉCO-OBSTÉTRICIENNE

1. Votre diplôme précise que vous avez fréquenté l'université de __________________. Impressionnant ! Donc, si vous avez vraiment fréquenté l'université de ____________, vous ne devriez pas avoir de mal à vous souvenir quelle est leur mascotte, n'est-ce pas ? Et c'est comment déjà, leur hymne ?
2. Êtes-vous réticente à me prescrire ou m'administrer des antidouleur ?

3. Êtes-vous réticente à prescrire ou administrer des antidouleur à mon mari/petit ami ?
4. Quel est le pourcentage de césariennes parmi vos naissances ?
5. Qu'est-ce que c'est, au juste, une césarienne ?
6. Vraiment ? Mon Dieu ! Bon, si vous estimez que les conditions de cet accouchement nécessitent de procéder à une césarienne, êtes-vous d'accord pour retirer un peu de gras tant que vous y êtes ?
7. À la télé, on voit toujours des bébés naître dans des ascenseurs bloqués. Ça arrive vraiment ?
8. Pouvez-vous garantir à mon mari/petit ami que l'accouchement ne me laissera pas avec un « rabat de tente tout distendu » entre les jambes ?
9. Mon mari/petit ami aimerait savoir s'il pourra couper le cordon avec une paire de ciseaux géante comme ceux que le maire utilise lors des cérémonies d'inauguration.
10. On a le droit de filmer ? Nous aimerions beaucoup partager les joies de la naissance de notre enfant avec nos amis et notre famille adorés… d'autant que nous avons déjà partagé avec eux le film de sa conception. On peut vous envoyer le lien, c'est torride.

LE SEXE

Les couples fraîchement enceints ont beaucoup de questions sur le sexe. Voyons ce que le docteur Barney a à en dire…

Q : Est-ce vraiment sans risque de faire l'amour ?

R : Des études ont prouvé que c'est grave OK de vous donner du bon temps avec votre partenaire. Ce que les études n'ont pas prouvé, c'est si c'est OK de coucher avec d'autres gens. Cela dit, le mieux est de pécher par excès de zèle et de prendre maintenant tout ce que vous pouvez.

Q : Ça peut paraître débile, mais mon pénis ne va pas faire mal au bébé, si ?

R : Le vôtre, non…

Q : Soudain, mon partenaire m'attire moins. C'est normal ?

R : Oui. Il est parfaitement normal d'avoir une baisse de passion pour une personne qui, malgré des seins plus gros, est de plus en plus irritable, s'endort à n'importe quel moment, et a enflé jusqu'à atteindre la taille et la forme d'un mammifère marin côtier. Pour être honnête, il ne vous trouve peut-être pas très attirante en ce moment non plus.

Q : Est-il prudent d'avoir un orgasme ?

R : Les études montrent que non seulement l'homme ne risque rien en atteignant l'orgasme, mais que c'est en outre sain pour le bébé si cela se produit souvent, de préférence sans grand effort de sa part et tout en regardant la télé. Pour ce qui est de la femme enceinte, il est malheureusement très dangereux pour elle d'avoir des orgasmes.

Q : Je suis un peu gênée de poser cette question, mais mon mari ne risque-t-il rien en pratiquant le sexe oral sur moi ?

R : Ooooh, je crains que si. Une bulle d'air pourrait boucher un vaisseau sanguin et créer une embolie, par conséquent mettre l'enfant en danger. En fait, même après la naissance, vous devriez totalement éviter les cunnilingus, par prudence. (Vous me revaudrez ça, Bro.)

L'ÉDUCATION

Si, pour une raison ou une autre, il vous faut davantage d'aide que ce qui est fourni dans ce texte informatif, il existe d'autres possibilités d'éducation, sensiblement moins géniales.

LA PRÉPARATION À L'ACCOUCHEMENT

Ces cours vous enseignent principalement à gérer la quantité inhumaine de douleur à laquelle vous allez être confrontée pendant le travail. Traditionnellement, ils sont donnés en groupe, avec d'autres couples malchanceux, et fournissent d'importantes données sur l'accouchement ainsi que tout un tas de conneries inutiles sur les relations, la santé mentale et autres astuces de grand-mère, à la limite de la sorcellerie.

LA SAGE-FEMME

Si vous préférez être guidée durant le processus par un coach personnel, vous pouvez envisager d'avoir recours à ce que l'on appelle une sage-femme. À ce que j'en sais, lorsqu'une situation effrayante se produit, comme quand le bébé arrête de donner des coups de pied ou qu'il n'y a plus de glace au caramel au beurre salé, la sage-femme est là pour vous aider.

LES FILMS

Si vous avez une meilleure mémoire visuelle, il y a de nombreux films éducatifs pour vous aider à vous préparer aux réalités de la grossesse et de la vie avec un nouveau-né.

- *Trois Hommes et un couffin*
- *Allô maman, ici bébé !*
- *Allô maman, c'est encore moi*
- *Apocalypse Now*
- *Insomnia*
- *Piège de cristal, en français* (pas vraiment, mais ce film devrait se trouver sur toutes les listes)
- *Chérie, j'ai rétréci les gosses*
- *Alien*
- *Jumeaux*
- *Titanic* (le bateau est une métaphore de votre corps)

POUR APPROFONDIR : QU'EST-CE QU'UNE SAGE-FEMME ?

Pour être honnête, je ne suis pas sûr de savoir ce qu'est une sage-femme. La première fois que j'ai entendu quelqu'un mentionner « la sage-femme », j'ai cru qu'il s'agissait d'un téléfilm pourri avec une actrice jadis célèbre, la quarantaine franchement bien tassée, comme Julia Roberts ou Lindsay Lohan. Mais plus j'y pense, plus « la sage-femme » me fait penser à un polar réaliste dans lequel une Angelina tarée et légèrement vêtue pourchasse inlassablement les première et troisième femmes de son ex-mari, avant de les tuer… Vous voyez, ça se passe dans une petite ville du Sud, et au début tout le monde soupçonne le mari (mettons, Ryan Gosling pour faire plaisir à ces dames). Gosling en taule, on introduit la dynamique de la « méchante belle-mère » quand Angelina obtient la garde de sa fille après la mort de sa troisième femme (Anne Hathaway – on sait qu'elle est super dans les scènes de mort depuis qu'on l'a vue présenter les Oscars). Juste quand on croit que l'affaire est close, le commissaire, qui a des problèmes d'alcool ou de bégaiement (Philip Seymour Hoffman ?) commence à se demander si Angelina n'est pas impliquée. Quand il va l'interroger, elle le séduit, lui transperce l'œil avec un taquet de bateau rouillé et le fourre dans une nasse (disons que ça se passe dans un petit village endormi de Nouvelle-Angleterre, mais que le réalisateur [Francis Ford Coppola] a demandé à tout le monde d'y aller mollo sur les accents). Pendant ce temps-là, Ryan Gosling trouve un confident en la personne de l'adjointe du shérif, une femme excentrique mais à cheval sur les principes, Sandra Bullock. (Si on nous dit « trop de brunes », on peut toujours rajeunir le rôle avec Emma Stone ou faire exploser le budget avec Charlize Theron... même si, c'est peut-être moi, mais elle me laisse toujours indifférent quand elle joue une fonctionnaire.) Ils se rapprochent grâce au collier que la fille de Gosling lui a fabriqué et, finalement, Bullock/Stone/Theron surmonte sa droiture contraignante et le fait sortir de prison, même si cela pourrait lui coûter son insigne, lequel est très important pour elle parce qu'elle a promis à feu son père (Albert Finney ou Denzel Washington) qu'un jour elle serait shérif. Quand ils arrivent pour sauver la belle-fille, Angelina tente de s'échapper en empruntant une falaise traître. Gosling la poursuit, mais elle tombe dans l'océan glacial et impitoyable. La caméra balaye les vagues et l'on voit le soleil se lever trois ans plus tard sur le couple Bullock/Stone/Theron-Gosling, désormais marié, qui se promène sur la plage. Tandis que Gosling s'élance pour emmener sa fille à son entraînement de hockey, Bullock/Stone/Theron remarque quelque chose de brillant échoué sur le sable : le collier de Gosling ! A-t-il poussé Angelina du haut de la falaise trois ans plus tôt ? Est-ce lui qui a tué toutes ses femmes ? Bullock/Stone/Theron est-elle la suivante ?

Bref, c'est ça, une sage-femme.

LA *BABY SHOWER*

À un moment donné, l'un de vos amis sera obsédé par l'idée de prévoir une fête avant la naissance de votre bébé. Hélas, ce ne sera pas votre meilleure amie, ce sera votre amie à la voix rauque et à « l'ossature lourde », qui est en permanence à deux doigts de fondre en larmes ou de monter sur une estrade pour déplorer l'absence de mecs bien en ce bas monde.

Elle prévoira soit une fête mixte, où des mecs que vous n'avez pas envie de voir là un samedi après-midi essaieront désespérément de se bourrer avec du punch au champagne, soit plus traditionnellement une fête réservée aux filles, où des nanas dans des fringues à mille dollars feront semblant de ne pas se détester, mangeront des barres de chocolat dans des couches et essaieront désespérément de se bourrer avec du punch au champagne.

FAQ SUR LES *BABY SHOWERS*

Que devra faire le papa pendant la fête si elle n'est pas mixte ?

Enterrement de vie de garçon, deuxième partie. Puisque vous n'avez pas à être là, vous devriez prendre le temps d'aller au casino avec vos Bro, couler un bronze, ou toute autre activité culturelle enrichissante.

Note – Si vous avez un pote célibataire, faites en sorte qu'il se pointe « par hasard » à la fête. Une *baby shower*, c'est grosso modo l'équivalent pour adultes d'un combat d'oreillers dans une sororité, et c'est l'endroit rêvé pour lever des nanas hyper excitées par le cocktail inéluctable jalousie – désespoir – chocolat et… cocktails.

Combien de cadeaux dois-je inscrire sur ma liste ?

Autant que possible. C'est aussi une occasion en or d'ajouter en douce quelques objets coûteux qui n'ont rien à voir avec le bébé. Par exemple, vous pouvez facilement glisser une nouvelle télé à écran plat entre le relax pour bébé en forme de tortue et le sac à couches orné d'animaux en voie de disparition aux joues rosées.

Devrai-je ouvrir les cadeaux devant tout le monde ?

Non ! Évitez ça à tout prix. Des études ont prouvé que l'ouverture des cadeaux au cours de ce genre de fête prend plus de temps qu'il n'en a fallu à l'Himalaya pour se former. Voilà pourquoi les Rois mages sont arrivés à la bourre et n'ont apporté que des objets non emballés. Si un invité zélé insiste pour que vous ouvriez la tétine marrante à moustaches qu'il a apportée, exécutez-vous en privé, de préférence à proximité d'une poubelle. Si d'autres s'approchent en tenant leurs cadeaux à bout de bras comme une horde de zombies en mal de reconnaissance, vous pouvez toujours feindre le malaise, déclencher l'alarme à incendie ou faire semblant que le travail a commencé…

Dois-je inviter mon chef aux mains baladeuses ?

Ouais.

ASSURANCE VIE/TUTELLE

Maintenant que vous avez un enfant, ce serait une bonne idée d'acquérir une assurance vie. En votre qualité de parents responsables, vous devez prévoir l'avenir afin que votre enfant dispose de ressources pour mener la vie géniale que vous voulez lui donner, même si vous tombez tous les deux en essayant vos combinaisons d'écureuils volants faites maison, en tentant de battre le record du monde de retenage de respiration en couple ou dans une averse de balles lors d'une tentative de braquage de banque chanmé comme celui à la fin de *Heat*.

C'est aussi le bon moment pour évoquer la tutelle légale. Malheureusement, je suis pas mal occupé en ce moment, vous devrez donc trouver quelqu'un que vous connaissez vraiment. Sachant que la plupart des gens que vous connaissez personnellement sont soit votre famille, soit vos amis, il y a fort à parier que tout le monde perdra au jeu.

La meilleure façon de choisir quelqu'un, c'est de procéder par élimination. Suivez simplement le tableau ci-contre pour désigner le tuteur de votre enfant.

ÉLIMINER	RAISON
Quiconque gagne moins de 250 000 $ par an	Vous voulez quelqu'un disposant de suffisamment de cash pour financer une excellente éducation, une intervention chirurgicale d'urgence ou, Dieu nous en garde, un après-midi à Disneyworld.
Vos parents à tous les deux	Vous vous rappelez à quel point ils craignaient en tant que parents ?
Tout ami qui aurait déjà au moins cinq enfants	Il y a de gros risques que votre enfant soit laissé de côté ou, pire, attaché à un groupe familial bizarre et incestueux où il/elle sera contraint(e) de jouer du tambourin et de se déguiser avec de grands draps.
Vos amis canon	Comme le dit Confucius, « la route de l'instabilité mentale commence lorsqu'on se masturbe en pensant à son tuteur légal ».
Ted	Je suis plus grand et bien plus beau que lui.

LA COMMUNICATION

De nombreux soi-disant « experts » pensent que vous pouvez communiquer avec votre enfant, même s'il est coincé tout au fond de votre ventre. Je suppose que c'est possible, compte tenu du grand nombre de disputes houleuses que j'ai eues avec la bouffe thaïe.

La vérité, c'est que vous pouvez vous mettre à parler à votre enfant dès le coup de sifflet. À l'évidence, vous devrez faire très attention à ce que vous direz. Par exemple, je vous déconseille de régaler votre fœtus des récits paillards de vos meilleurs coups… Mieux vaut le faire *ex utero*, lorsque l'enfant pourra vous voir mimer les expressions faciales et les positions.

Des études ont montré que, outre le fait de parler à votre enfant, l'exposer à de la musique à un âge très précoce peut accroître son intelligence. Si vous voulez donner à votre enfant le plus gros avantage possible, je vous recommande de coller un haut-parleur contre votre ventre et de mettre *1984* de Van Halen à fond.

SENTIR LES COUPS DE PIED

Tous ceux qui sont au courant voudront sentir le bébé bouger, mais reconnaissons-le : c'est un peu chelou quand des personnes relativement inconnues vous tripotent gratos. Au lieu de cela, encouragez-les à gratifier votre enfant d'un léger « check ».

FAIRE SON BEURRE PENDANT LA GROSSESSE

La plupart des gens croient à tort qu'on ne peut allaiter qu'après l'accouchement, mais saviez-vous que vous pouvez en réalité commencer à pomper dès maintenant ? Les gens sont prêts à déplacer des montagnes pour une femme enceinte, vous avez donc à présent la chance de pouvoir profiter de leur hospitalité sexiste, disons-le franchement.

AU TRAVAIL

Vous convoitez la place de parking ou le bureau d'un de vos collègues ? Devinez quoi ? Maintenant que vous êtes enceinte, vous devez vous garer plus près du bâtiment et avez besoin d'accéder facilement à la cuisine, aux toilettes ou à la précieuse vitamine D porteuse de vie que seule peut fournir la lumière naturelle du bureau de cette pétasse de Debra, qui fait l'angle du bâtiment.

AU SUPERMARCHÉ

À force de cajoleries, vous devriez pouvoir inciter une légion d'adolescents boutonneux à vous suivre dans un convoi de chariots de courses tandis que vous pillerez les rayons bonbons et chips. C'est aussi une excellente occasion de glisser sous votre chemise un faux-filet coûteux parce que, vraiment, quel directeur de supermarché aura les couilles de mettre en doute le ventre bizarrement anguleux d'une femme enceinte ?

AU RESTAURANT

Lasse d'attendre qu'on vous serve votre repas ? Inspectez simplement la pièce à la recherche d'un plat d'apparence goûteuse et désignez-le du doigt tout en vous frottant le ventre. La loi vous donne droit à cette nourriture puisque vous mangez pour deux, désormais. Souvenez-vous : si vous n'aimez pas, vous pouvez toujours l'échanger contre celui de quelqu'un d'autre gratuitement.

SUR LA ROUTE

Vous savez, quand vous jouez à *Grand Theft Auto* pendant vingt-neuf heures d'affilée et qu'ensuite, dans votre voiture, vous avez beaucoup de mal à ne pas rouler sur le trottoir ? Eh bien, à présent, vous allez avoir l'occasion de le faire ! Baissez la vitre et criez par intermittence « Je vais accoucher ! » tout en labourant les parcs et en renversant les étals de fruits mal placés.

À L'AÉROPORT

Je ne suis pas un représentant du ministère des Transports, mais passer à travers un générateur à rayons X quand on est enceinte ne m'a pas l'air très sain. C'est l'occasion de toute une vie de passer en douce toutes les bouteilles d'eau, les déodorants en spray et les armes à feu de classe C que vous pourrez fourrer dans votre jean de grossesse.

En atteignant la porte, vous pouvez vous détendre en sachant que vous serez la première à embarquer. Les jours sont loin où vous coinciez des oreillers sous votre tee-shirt pour contraindre les agents d'embarquement neuneus de vous laisser monter en premier. Une fois à bord, contentez-vous de tendre votre bagage à main au passager d'à côté pour qu'il le range dans le compartiment au-dessus de vous. Même si c'est une dame de quatre-vingt-dix ans qui tire une bombonne d'oxygène derrière elle, elle doit vous aider, et devinez pourquoi ? Parce que vous êtes enceinte, connasse !

LES PRÉNOMS

Trouver un prénom pour votre enfant est l'une des choses les plus excitantes que vous ferez jamais. Un jour, le président de la Ligue de base-ball adulte pourrait prononcer son prénom en l'accueillant au rang des meilleurs joueurs, la Cour suprême de justice pourrait le citer lorsqu'elle sera intronisée Présidente, ou d'innombrables nanas extatiques pourraient le hurler tandis qu'il livrera la marchandise.

Donner un prénom à votre enfant est l'une des choses les plus terrifiantes que vous ferez jamais. Merdez maintenant, et votre enfant pourrait passer toutes ses années de collège à l'intérieur de son casier parce que vous trouviez que le prénom « Audovère » était, genre, trooooop mignon. Se décider pour un prénom à la mode pourrait aussi causer un jour à votre enfant des soucis professionnels. Personne ne veut d'un avocat baptisé Cody ou d'un médecin qui se nomme Brooklyn… à moins, bien sûr, que vous soyez en train de tourner un porno.

Et n'allez pas croire que vous pouvez vous contenter de coincer un petit nom mièvre comme deuxième prénom. Imaginez à quel point votre fils serait mortifié si, après qu'il aura tué et mangé dix-sept travestis, tout le monde découvrait que son deuxième prénom est Ashton.

Après avoir dressé la liste de vos prénoms préférés, vous pouvez tester chacun d'entre eux à l'aide de la rubrique suivante. S'il remplit tous les critères, vous saurez que vous pouvez sans crainte utiliser ce prénom pour votre enfant.

TEST DE RÉSISTANCE POUR PRÉNOMS

- Ce prénom rime-t-il avec une partie quelconque de l'anatomie ?
- Êtes-vous simplement en train de détourner le nom de famille d'un président américain du xxe siècle ?
- Si oui, pouvez-vous citer un seul acte qu'il a accompli lors de son mandat (à part une vie sexuelle exubérante, je suppose…) ?
- Apprenez la phrase suivante, puis fermez les yeux et prononcez haut et fort d'une voix rocailleuse : « Messieurs, veuillez accueillir sur scène… (prénom choisi) ! » Si vous vous surprenez à tendre la main vers votre portefeuille à la recherche de quelques petits billets, ce n'est peut-être pas le prénom idéal.
- Pourrait-on plus tard attribuer ce prénom à un animal anthropomorphe géant dont l'espèce s'est éteinte et qui, malgré sa position zoologique incontestée de prédateur carnivore au sommet de la chaîne, est peint en violet et enseigne aux enfants la valeur du partage ?
- Votre enfant pourrait-il rejoindre les homologues d'Éclair, Glace, Laser ou Turbo dans une émission de catch sans avoir à changer son prénom ? Parce que, dans ce cas, ce serait oufement génial…
- L'élève de cinquième moyen pourrait-il se moquer de votre enfant à cause de son prénom ?

Note – Même le plus parfait des prénoms ne pourra rien si votre enfant est gros, moche, légèrement acnéique, intelligent, bête, malodorant ou rachitique. Ah, ou pauvre… ben ouais.

LE SEXE DU BÉBÉ

Il n'y a pas si longtemps, on ne pouvait pas connaître le sexe de son bébé avant qu'il fasse sa sortie et que le médecin annonce cérémonieusement s'il avait ou non un zizi. De nos jours, grâce à la science, vous pouvez connaître le sexe de votre enfant dès la dix-huitième semaine de votre grossesse.

Votre médecin pratiquera une échographie et vous demandera nonchalamment si le sexe vous intéresse. Essayez de ne pas pouffer : dans ce cas de figure, elle fait vraisemblablement allusion au « genre » du bébé plutôt qu'à « une partie de jambes en l'air ». Que vous souhaitiez ou non connaître le sexe de votre enfant est une question personnelle à laquelle il n'y a pas de réponse bonne ou mauvaise. En fait, de nombreux parents ne sont toujours pas sûrs bien des années plus tard… Demandez à M. et Mme Bieber.

Si vous décidez de regarder l'échographie, ne soyez pas découragé : le pénis ou la poitrine de votre enfant n'est pas encore complètement développé(e).

LES ASTUCES DE BARNEY

Si votre partenaire vous demande si vous préférez une fille ou un garçon, la bonne réponse est : « L'un ou l'autre me rendront extatique. » Mentir et affirmer que vous voulez une fille pourrait refaire surface comme une morsure au postérieur.

LE SAVIEZ-VOUS ?

La technique de l'échographie a été développée en Autriche dans les années 1930. Deux scientifiques super-geeks, qui n'avaient jamais vu une femme nue, ont conçu un appareil complexe pour envoyer des ondes sonores concentrées à travers le mur du vestiaire des filles. Cela se révéla beaucoup plus efficace que leur précédent dispositif : un portrait du compositeur Franz Schubert avec les yeux découpés. Véridique.

ABÉCÉDAIRE D'ONCLE BARNEY

A comme AMIS qui, espérons-le, ne seront pas si nazes que ça.

B comme BRAGUETTE, qui peut irriter quand ça devient chaud.

C comme COCKTAIL, vachement plus cool qu'une bière.

D comme DIE HARD, *Piège de cristal* en VF, à regarder deux fois par an.

E comme ÉNORME, ce que tu seras toute ta vie.

F comme FER À CHEVAL, sous-estimé comme *sex toy*.

G comme GRAVE BONNE, le genre de nanas que tu rechercheras.

H comme HALLOWEEN, la nuit où toutes les meufs se déguisent en bonnasses.

I comme *INDIANA JONES*, sauf *Le Royaume du Crâne de cristal*.

J comme JOURNEY et JANE'S ADDICTION, mais pas comme JETHRO TULL.

K comme KARATÉ, vachement mieux que le kung-fu.

L comme LÉGENDAIRE, comme tes parents te considèrent.

M comme MOI, la meilleure personne de l'univers.

N comme NICHON, avec un bonnet supérieur à C.

O comme ORGASME, ben ouais !

P comme PORNO, pour « hisser son mât ».

Q comme QUATRE PATTES, je te laisse deviner pourquoi.

R comme RAYONS X, pour savoir s'ils sont vrais ou faux.

S comme SMOKING, l'uniforme du bro.

T comme TÉTONS, qu'ils soient pendants, pointus ou recourbés.

U comme UNE NUIT, la durée maximale d'une relation.

V comme VIN ROUGE, quand une nana viendra chez toi pour « te voir ».

W comme WEB, soit environ 3,5 milliards de meufs à portée de clic !

X comme dans FILM X, que tu utiliseras pour « lever ton mât ».

Y comme YO-YO, dont le mouvement tu imiteras.

Z comme ZAPPER DE RAPPELER UNE NANA.

LES GROSSESSES MULTIPLES

Il n'y a pas d'expression plus terrifiante dans la langue française que : « Ce sont des jumeaux ! » Cela signifie qu'il vous faudra deux fois plus de couches, deux fois plus de berceaux, deux fois plus de tétons. Mais c'est quoi, exactement, des jumeaux ?

Les jumeaux sont des copies conformes d'une seule et même personne, qui partagent donc exactement les mêmes pensées, la même personnalité et la même garde-robe. Si certains jumeaux peuvent être sexy (les jumelles Barbie), d'autres peuvent faire flipper (les jumelles dans *Shining*), tous sont pénibles. Pouvez-vous envisager d'avoir tout le temps affaire à deux versions identiques de la même chose ? Pouvez-vous envisager d'avoir tout le temps affaire à deux versions identiques de la même chose ?

Pire, si vous avez des jumelles, vous devrez être constamment sur vos gardes : certains hommes consacreront leur vie à coucher avec elles. Oh, et aussi, si vous avez des jumelles et que vous pensez qu'elles seront mignonnes dans dix-huit ans : prems !

Aussi terrible puisse-t-il être d'avoir des jumeaux, imaginez ce que ce serait d'avoir des triplés, des quadruplés, voire des quintuplés ? D'après les scientifiques, c'est biologiquement impossible. La bonne nouvelle, c'est que si vos jumeaux sont ne serait-ce que moyennement beaux, ils ont quasiment une carrière garantie à vie dans l'industrie du film pour adultes… Je veux dire, genre dans deux ou trois ans. Encore mieux, si vous pondez des quintuplés ou au-delà, vous pourrez espérer un contrat lucratif pour une émission de télé, pourvu que vous soyez totalement barge et sexy… bon, selon les critères de la télé, en tout cas.

JUMEAUX CÉLÈBRES

Romulus et Rémus
Mary Kate et Ashley Olsen
Les deux « scientifiques » tout moches, là…
Kirby Puckett
Xamot et Tomax
Dolly Parton
Arnold Schwarzenegger et Danny DeVito
Luke et Leia
Les deux mecs de Harvard qui pensent qu'ils ont inventé Facebook
Gary Busey et Nick Nolte

PRÉPARER L'ACCOUCHEMENT

À mesure qu'approche la date du terme, il devient important de prévoir et d'ajuster votre « préparation à l'accouchement ». Il s'agit d'une liste soigneusement pensée d'importantes responsabilités de dernière minute que vous utiliserez comme du papier toilette à la seconde où commencera l'accouchement et que vous chierez immédiatement dans votre froc.

La première décision à prendre est de savoir si vous accoucherez à l'hôpital ou chez vous.

Quand bien même vous pouvez réaliser de grosses économies en optant pour la naissance à domicile, posez-vous cette question : « Pourrai-je un jour inviter des gens à dîner dans la pièce où j'ai vu un vagin exploser ? »

Il vous faudra ensuite choisir si vous préférez accoucher naturellement ou sous assistance médicale. La naissance naturelle implique le refus des antalgiques pour pouvoir vivre l'expérience holistique de la connexion avec votre enfant au moment de sa venue au monde. La naissance médicalisée signifie que vous n'êtes pas une sacrée crétine.

VAIS-JE VRAIMENT VOULOIR PRENDRE DES MÉDICAMENTS CONTRE LA DOULEUR ?

À l'évidence, l'accouchement est l'expérience la plus douloureuse que vous puissiez vivre sans mourir. C'est plus douloureux que quand Evel Knievel, en tentant de sauter par-dessus les fontaines du Caesars Palace, s'est fracassé le pelvis, le fémur, la hanche, le crâne, les côtes, les poignets et les chevilles avant de plonger dans le coma pour vingt-neuf jours. Alors, la péridurale ? Plutôt deux fois qu'une ! Dites à votre obstétricien de faire comme si la péridurale était une seringue d'héroïne et que le bas de votre colonne lombaire était le bras gauche de Kurt Cobain aux alentours de 1993.

Puisque les hommes ne vivent l'accouchement que depuis le siège du passager, j'ai conçu un tableau qui en compare les souffrances avec certaines douleurs courantes et autres maux du quotidien.

CONVERTISSEUR DES DOULEURS DE L'ACCOUCHEMENT

DOULEUR DE L'ACCOUCHEMENT	ÉQUIVALENT MASCULIN
Étirement du canal utérin	Perdre un pari parce qu'un crétin de défenseur a inutilement couru pour intercepter le ballon sur cent mètres au lieu d'arrêter le jeu.
Contractions	Se moquer des employés d'un magasin de bricolage qui proposent de vous donner des conseils de sécurité pour l'utilisation d'outils électriques, puis rentrer chez soi et se scier illico la moitié d'un pouce.
Avoir les intestins écrasés par la tête du bébé	Le lendemain matin, après trois douzaines d'ailes de poulet épicées et un pichet et demi de Hefeweizen.
Pression sur le col de l'utérus	Couilles bleues.

DOULEUR DE L'ACCOUCHEMENT	ÉQUIVALENT MASCULIN
Déchirement vaginal	La seule femme qui pourrait vous rendre heureux, la seule femme que vous ayez jamais sincèrement aimée en préfère un autre. Hum… Je voulais dire : vous prendre un ballon perdu dans les parties ! Aïe aïe, pas vrai ? (Oubliez ce que j'ai dit en premier, c'était une blague.)

TROISIÈME PARTIE

LE STADE DU NOURRISSON

OK, le médecin a donc extirpé un bébé hors de vous, coupé le cordon puis vous a tendu le petit. Et maintenant ? La chose la plus importante est de ne pas tiquer à la vue de votre nouveau-né. Même si les grands-parents gâteaux et vos amis bien intentionnés vous disent que votre enfant est « magnifique » ou qu'il « ressemble à un petit ange », la vérité, c'est qu'il ressemble surtout à un croisement entre un chien nu mexicain et Sam Cassell, l'ancien joueur de la NBA.

Gardez votre calme et souvenez-vous que cette phase bizarre ne durera pas. Si pour une raison ou une autre elle venait à durer, je suppose qu'il n'est jamais trop tôt pour commencer une série régulière d'opérations de chirurgie esthétique.

Dans cette partie, nous évoquerons les responsabilités inhérentes au fait de posséder et d'entretenir un enfant de moins d'un an. Vous constaterez que s'occuper d'un enfant en bas âge peut être aussi intense que de prendre soin d'une bonne paire de chaussures en cuir, même s'il est peu probable que le premier vous permette de serrer autant que la seconde.

LA CIRCONCISION

Si vous avez un garçon, la première chose à faire, c'est de prendre son pénis en main. Ça fait bizarre, dit comme ça, mais ce que je veux dire, c'est que vous allez devoir prendre une décision sur la circoncision, ou circondécision. Ça aussi, ça fait bizarre, dit comme ça.

Décider d'ôter ou non de manière chirurgicale le prépuce de votre bébé est une question incroyablement controversée. Outre les considérations religieuses ou culturelles, le débat est également très animé au sein de la communauté médicale. Certains pensent qu'un prépuce trop développé augmente les chances d'infection et de maladie, tandis que d'autres jugent qu'il n'y a pas d'intérêt flagrant à découper la quéquette de votre nouveau-né.

Se pose également la question du plaisir sexuel. Certaines études ont montré qu'un prépuce intact peut accroître le plaisir sexuel, tandis que d'autres ont prouvé que passer le zizi de votre petit au scalpel peut en fait le diminuer.

Pour avoir une meilleure idée du point de vue d'un nourrisson en matière de circoncision, j'ai commandité une enquête sur deux mille cinq cents nouveau-nés de sexe masculin.

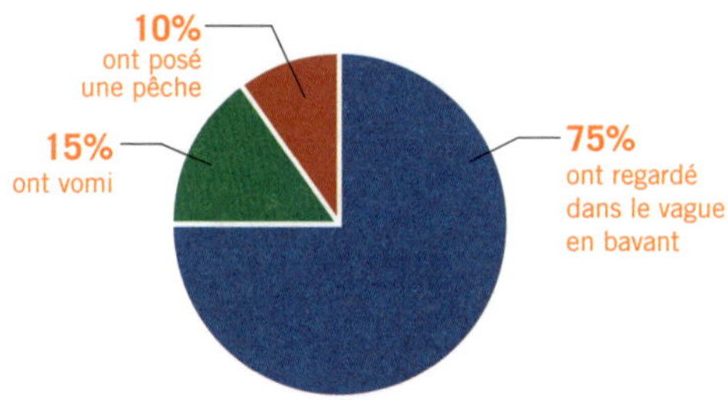

LE BRO ET LA RENARDE

Une minette maligne vit un jour entrer dans un bar un Bro, qui tenait à la main une grosse liasse de billets. La renarde se dit en son for intérieur : *Même si je n'ai jamais eu de vrai travail et que je ne possède pas la moindre compétence utile, je mérite cet argent, car je suis sacrément bonne.* La renarde s'approcha du Bro et lui dit :

— Salut, beau brun ténébreux.

À ces mots, les oreilles du Bro, ainsi que d'autres parties de son anatomie, bondirent. Elle poursuivit :

— Waouh ! Tu as de véritables battoirs à la place des mains. J'adooooore les grandes mains, parce que tu sais ce que cela signifie…

— Bien sûr que je le sais…

Le Bro lui lança un clin d'œil d'un air entendu.

— C'est vraiment pas facile d'envoyer des textos ou d'ouvrir un tube d'aspirine.

Exaspérée par tant de stupidité, la renarde réessaya :

— Je veux dire, je me demande ce que ça me ferait de les avoir sur mes seins incroyablement vrais.

Sur ce, le Bro tendit les mains vers sa devanture comme un vieil homme qui voudrait régler la température de l'eau dans sa baignoire, et fit immédiatement tomber la liasse par terre. La renarde récupéra l'argent et déguerpit du bar.

Ne vous fiez jamais à une bonnasse qui vous aborde la première.

LA GARDE D'ENFANT

À un moment donné, il va vous falloir abandonner votre enfant. Libre à vous de revenir le chercher ou non mais, pendant ce temps, il vous faudra quelqu'un pour s'occuper du bébé. Si un parent envahissant ou un ami agité semblent être des choix tout naturels, une nounou plus stable est sans doute l'option la plus souple… si vous voyez ce que je veux dire. Clin d'œil !

De nombreuses possibilités s'offrent à vous lorsqu'il s'agit d'engager une nounou, et heureusement, car vous devrez être extrêmement sélectif. Cette personne traînera tout le temps chez vous et autour de votre enfant ; vous voulez donc quelqu'un de ponctuel, responsable et juste assez coquin pour laisser dépasser un petit bout de son string.

Lorsque vous serez en quête de la nounou parfaite, n'ayez pas peur de franchir vos frontières. Importer une étrangère peut être un choix malin d'un point de vue fiscal, parce que vous pouvez faire peser son visa de travail et son statut légal contre un salaire beaucoup plus bas. En plus, avec leur accent à couper au couteau et leur ouverture d'esprit à l'égard de la nudité, de nombreuses étrangères sont super-bandantes.

Pour examiner les nounous potentielles, vous devez regarder un peu plus loin que sous leurs chemisiers. Voici quelques questions simples à poser au moment de l'entretien[1].

[1] Prems pour essayer de vendre *Entretiens de nounous* à Cinemax !

1. Fesseriez-vous ou corrigeriez-vous mon enfant ?

2. Me fesseriez-vous ou me corrigeriez-vous ?

3. Ma femme et moi avons une « relation secrètement libre ». Connaissez-vous le sens de ce terme ?

4. Êtes-vous disposée à porter un uniforme de ma conception ?

5. Êtes-vous prête à signer une décharge pour l'utilisation de « caméras cachées de surveillance des nounous » ?

6. Accepteriez-vous de nous aider occasionnellement à des tâches ménagères comme sortir la poubelle, promener le chien ou arroser les tee-shirts ?

7. Montrez-moi sur vous-même comment vous soigneriez un érythème fessier.

8. Notre enfant déborde d'imagination. Cela peut paraître ridicule, mais pouvez-vous faire semblant d'être un tigre traquant sa proie ? Et puis-je vous rappeler que la jungle est un environnement torride ?

COMMENT MANIPULER LE BÉBÉ

Vous êtes nombreux à vous sentir nerveux à l'idée de tenir dans vos bras votre bébé tout neuf, et à juste titre. Un faux mouvement et vous pouvez le faire tomber. D'un autre côté, vous ne pouvez pas vous contenter de le laisser coincé toute la journée dans un sac à dos : ce serait un suicide en matière de mode.

Voici quelques techniques sans risque et répandues pour porter votre bébé tout en gardant l'air dur.

Le *Il était une fois dans l'Ouest*

Le Passe-passe-passe

L'Ourson rétif

Le Michael Jordan

Le plus gros poisson du monde

LES COUCHES

En matière de couches, vous avez deux possibilités : en tissu ou jetables.

- Les couches en tissu sont meilleur marché, plus respectueuses de l'environnement et elles diminuent radicalement l'érythème fessier.
- Les couches jetables sont celles que vous utiliserez.

Malheureusement, la technologie de la couche autocombustible n'a pas encore été développée, vous serez donc contraint d'enlever et d'éjecter vous-même les déjections de votre enfant. Pire, parce que les nourrissons sont stupides et ne savent pas parler, la seule façon de savoir s'ils sont malades est d'inspecter régulièrement leurs flux intestinaux ou, ainsi qu'on les appelle dans le jargon pédiatrique, « cacas ».

Les illustrations suivantes vous aideront à interpréter certains messages que votre enfant vous enverra par l'intermédiaire de son « popo ».

« J'ai faim. »

« Mais toi, que ressens-tu vis-à-vis de cette couche ? »

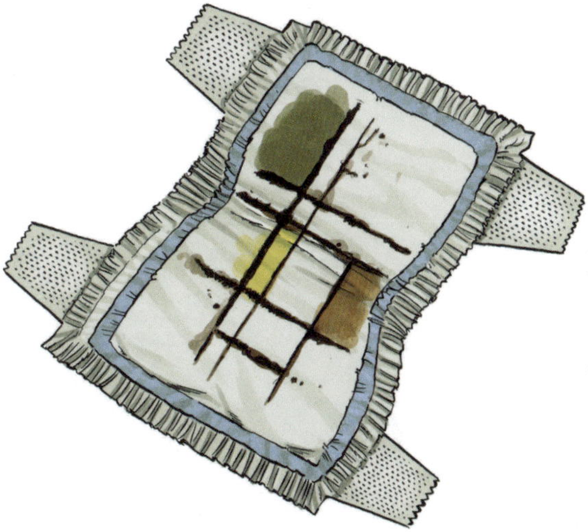

« Je rejette des formes et des couleurs naturelles pour explorer une universalité abstraite à travers le prisme du néoplasticisme. Il est aussi possible que j'aie avalé un Lego. »

« Regarde cette couche. Est-ce que tu y vois un vase, deux visages ou moi en train d'envoyer un geyser d'urine partout sur le tapis pendant que tu es occupé à fixer ma couche puante ? »

« Je kiffe pas trop la purée de patates douces. »

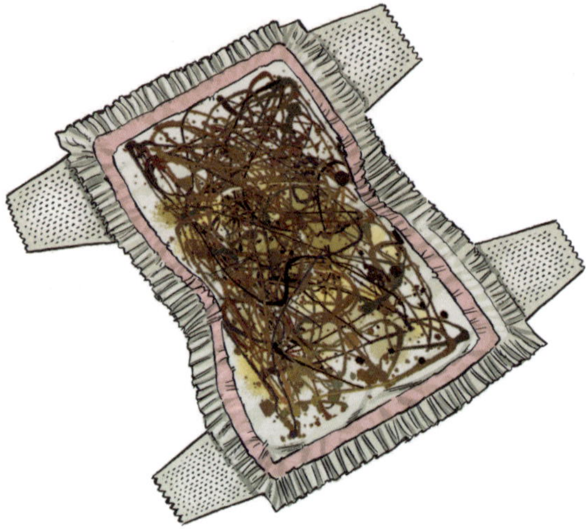

« Caca normal. RAS. »
(Maman t'a trompé, Barney Stinson est mon vrai père.)

LE SAVIEZ-VOUS ?

Un bébé standard anéantira environ trois mille couches au cours de sa première année. Pour vous donner une idée, le casting entier des *Craquantes* en a ruiné deux fois moins en sept ans de diffusion.

LE FAIRE-PART DE NAISSANCE

Après l'accouchement, il vous faudra trouver un moyen habile de rappeler à votre famille et à vos amis qu'il est temps d'acheter encore plus de merdier pour le bébé. C'est à cela que servent les faire-part de naissance.

La plupart des faire-part comportent une photo, mais puisqu'il est impossible d'obtenir d'un bébé qu'il arrête de vomir ou de projeter de la diarrhée suffisamment longtemps pour prendre une photo, tout le monde ou presque utilise l'image ci-dessous – qui est libre de droits.

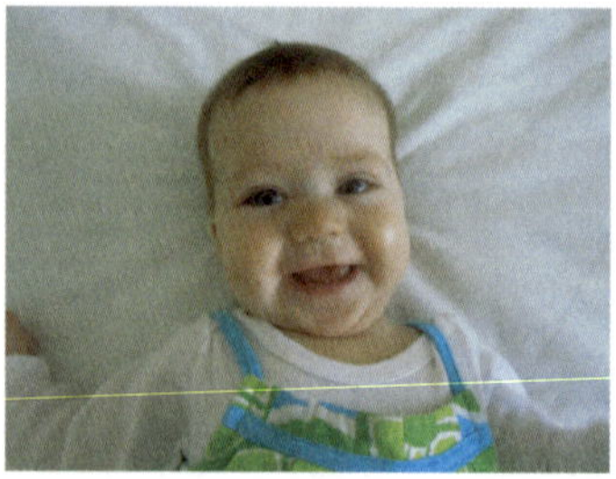

Si vous êtes inquiet parce que le bébé ne vous ressemble absolument pas, détendez-vous. Pour tout le monde à part vous, tous les bébés se ressemblent.

La rédaction de votre faire-part de naissance est plutôt simple. Donc, pour l'égayer, pourquoi n'essaieriez-vous pas de le composer à la façon d'un « cadavre sexy » ? Il vous suffit de remplir les lignes ci-contre, puis d'intégrer vos réponses dans le texte qui suit, et voilà, vous avez votre faire-part !

______________________ *et* ______________________
votre nom — le nom de votre partenaire

sont fous de ______________________
une émotion forte

à l'arrivée de notre ______________________,
fils ou fille

______________________ *Attendélasuite* ______________________.
prénom du bébé — nom de famille du bébé

______________ *est né(e) le* ______________ ______________ ______________,
Il/elle — jour de naissance — mois de naissance — année de naissance

ce qui signifie que ______________________ *et moi nous sommes frappés*
surnom de votre partenaire

les ______________________ *aux environs du mois de*
une partie de l'anatomie, au pluriel

______________________. ______________________ *Junior*
mois de naissance + trois mois — le pire surnom possible pour votre bébé

pesait ______________________ *kilos* ______________________ *grammes.*
le nombre de paires de chaussures que vous possédez — l'âge auquel vous vous êtes sexuellement « éveillé »

Inutile de faire un cadeau, mais ne soyez donc pas ______________________.
un animal de basse-cour

LA GARDE-ROBE

Soyons honnêtes : nombre d'entre vous sont tombées enceintes et ont enduré les douleurs de l'enfantement uniquement pour pouvoir disposer d'une poupée vivante, sinon consentante du moins sans défense. Vous aurez enfin une créature en chair et en os qui ne grognera pas ni n'essaiera de mordre quand vous l'engoncerez dans différentes tenues trop mignonnes.

Bon, ça ne me fait pas plaisir de casser l'ambiance, mais c'est complètement naze ! Peu importe s'ils ont l'air abominablement mignons ou adorables quand on les déguise pour qu'ils ressemblent à de mini-adultes potelés… Comme quand vous mettez à un bébé un tout petit uniforme de base-ball avec une casquette rikiki et tout et tout, et que vous l'appelez « mon petit frappeur », et que vous n'avez qu'une envie, c'est le serrer dans vos bras, et le serrer dans vos bras, et le serrer dans vos bras. Trop naze.

Puppy Love

Bref, pour que vous ne soyez pas tenté de jouer à déguiser votre enfant, vous trouverez ci-dessous des tenues marrantes à découper que vous pourrez mélanger et assortir avec votre bébé.

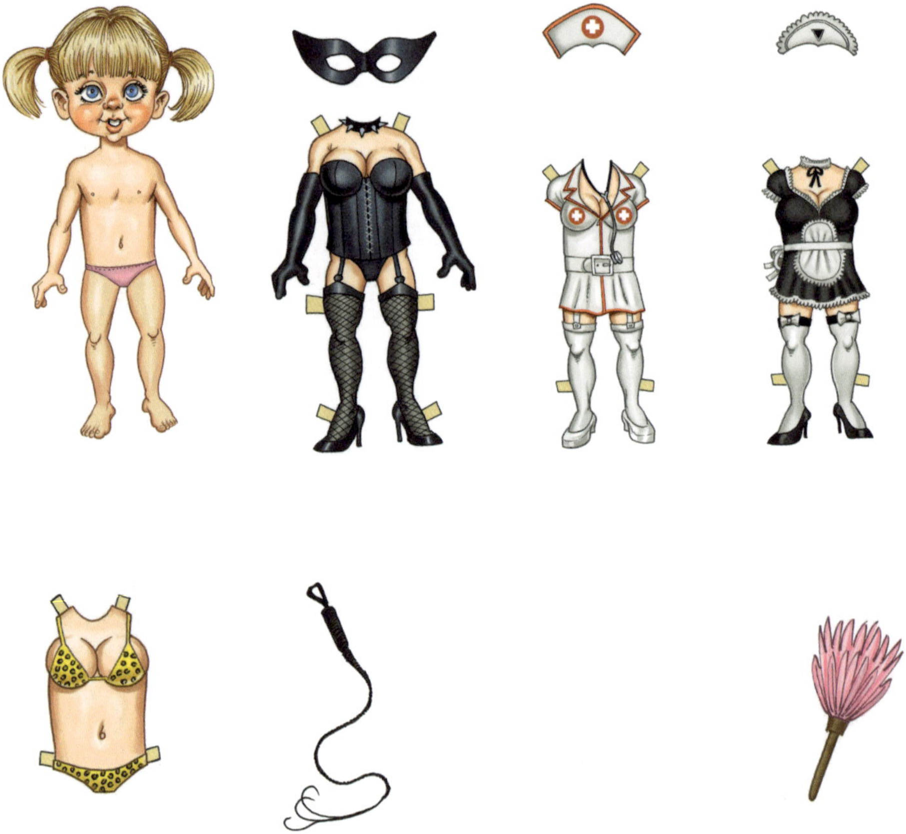

Scotch

L'ALLAITEMENT

L'une des découvertes les plus fascinantes que j'ai faites pendant que je me documentais pour ce livre, c'est que les nénés ne sont pas qu'à l'usage des mecs. On a d'abord pensé que les nichons d'une femme gonflaient durant la grossesse pour aider à compenser le ballonnement du ventre, mais apparemment certaines preuves suggèrent que les nourrissons peuvent en fait tirer du lait quand ils mettent la tête entre les pis de leurs mamans… Ooooh bon sang, les pis ! Je viens juste de comprendre !

Puisque laisser votre bébé faire une razzia sur vos melons est une méthode saine et abordable de le nourrir, vous allez vouloir faire tout votre possible pour vous assurer que cela se passe sans risque et de manière acceptable en société. Voici quelques tuyaux utiles sur l'allaitement.

- Il n'y a pas de loi interdisant l'allaitement en public pourvu que vous soyez bonne, svelte et que votre bébé soit assez petit pour ne pas obstruer la vue de tout le monde.
- Demandez à vos amies non enceintes d'afficher leur solidarité en montrant vite fait leurs roberts de temps en temps, au bar, sur l'écran géant pendant la retransmission d'un événement sportif ou contre la vitre quand elles prennent le volant pour aller travailler.
- Des études ont montré que votre lait peut facilement tourner s'il n'est pas constamment remué. Demandez à vos collègues, ou même à des inconnus

bien habillés, de vous papouiller le pare-chocs pour vous aider à maintenir le flot de lait !

- Les bébés sont très sensibles et développent des rougeurs au contact de certains tissus. Pour cette raison, essayer de vous promener *top less* autant que possible.
- Il n'est pas rare que vos tétons se dessèchent et se crevassent parce que votre bébé est constamment en train de les mâchonner tel un porcelet affamé sous sa mère. Un baume apaisant comme de la crème à tétons peut soulager la douleur, à condition d'être appliqué lentement devant une webcam.

LE POIL ET LA TORTA

Il était une fois un Bro qui vivait non loin d'un restaurant mexicain. Il y mangeait souvent, y avait sa table réservée, pouvait réciter le menu les yeux fermés et avait même développé une relation ambiguë, mêlée de drague, avec la vieille de soixante-dix ans assise au comptoir qui aboyait les commandes à l'attention des cuisines. Un jour, après être tombé sur une offre hallucinante sur Groupon.fr, il décida d'y emmener ses Bros. Il recommanda la *machaca torta*, un sandwich garni de bœuf épicé séché. Lorsque la nourriture arriva, les Bros adorèrent littéralement leurs tortas, car elles étaient aussi délicieuses que promis. Mais alors qu'ils s'apprêtaient à partir pour préparer un tournoi de bière-pong impromptu, l'un des Bros regarda son assiette et vit un long poil frisé qui ruina à jamais le restaurant mexicain aux yeux de son Bro… et à ceux de beaucoup d'autres personnes dès qu'il eut posté sur Yelp.fr sa critique où abondaient les blasphèmes.

Ne baissez jamais les yeux vers votre assiette
quand vous mangez dans votre restaurant mexicain préféré.

L'HEURE DU BAIN

Ce domaine me met mal à l'aise. Débrouillez-vous tout seul. Désolé.

COQUINE D'OR ET LES TROIS BROS

Il était une fois trois Bros : Barney le Bro, Marshall le Bro et Ted le Bro. Ils se préparaient à sortir pour passer ce qui serait à n'en pas douter une soirée légendaire, et ils décidèrent de s'envoyer quelques shots au bar pour avoir la patate.

C'est alors que Coquine d'or, une bombe blonde qui vivait au-dessus de chez eux, s'aventura dans leur antre pour leur emprunter du sucre, si vous voyez ce que je veux dire. Elle décida de s'asseoir en attendant leur retour. Le fauteuil de Barney était trop dur (eh ouais !), celui de Ted était trop mou et celui de Marshall était bien comme il faut, je pense, même s'il penche bizarrement à gauche – il faudrait vraiment qu'il le fasse réparer.

Mais bientôt, Coquine d'or en eut marre d'attendre et entra dans une chambre pour s'allonger. Le lit de Marshall était trop sale, celui de Ted trop rigide à cause du manque d'activité, mais celui de Barney était parfait malgré sa taille imposante : c'était comme ça que Coquine d'or les aimait.

Lorsque les trois Bros rentrèrent, ils trouvèrent leur repaire sens dessus dessous. Marshall le Bro dit : « Quelqu'un s'est assis sur mon fauteuil ! », Barney le Bro dit : « Quelqu'un s'est assis sur mon fauteuil ! » et Ted le Bro dit : « Au moins, on s'est assis sur quelque chose qui m'appartient ! »

Ils gagnèrent la chambre et virent Coquine d'or endormie dans le lit de Barney. En s'éveillant, elle adressa un clin d'œil sexy à Barney le Bro, mais elle fut bien sûr effrayée par Ted le Bro et Marshall le Bro. Barney les vira de là et lui fit un bécot. Puis il coucha avec elle.

Fin

FAIRE DE LA GONFLETTE

Jusqu'à ce que votre enfant puisse marcher tout seul, vous devrez le porter dans vos bras car, dans la plupart des cultures, il est mal vu de traîner son bébé derrière soi au bout d'un câble de remorquage. Ça représente un sacré entraînement, puisque ça équivaut à transporter une haltère de 13 kilos où que vous alliez... si l'haltère gigotait, bavait et se faisait souvent dessus. La bonne nouvelle, c'est que vous remarquerez rapidement un impressionnant développement musculaire : vos biceps gonfleront de manière encore plus spectaculaire que ceux de Popeye avalant tout rond une boîte d'épinards, vos triceps durciront plus vite que lorsque Bruce Banner se met en rogne et se change en Hulk, et vos avant-bras seront plus toniques que ceux d'un gamin de quatorze ans qui entre en puberté et se met à se secouer le chibre comme s'il s'agissait d'une bombe de peinture récalcitrante.

LA POUSSETTE

L'une des acquisitions les plus importantes et les plus excitantes que vous ferez est celle d'une poussette. Vous ne voudrez pas vous sentir emprisonné chez vous, et une poussette vous permettra d'interagir avec le monde. Sans cet outil, votre enfant devrait ramper au bout d'une laisse et ce serait débile : il vous faudrait des plombes pour aller n'importe où.

Il est important de disposer d'un mode de transport fiable et facile pour votre enfant, et ce pour plusieurs raisons.

1. **L'AIR PUR**
   Votre bébé pond des cacas telle une bétonnière défectueuse. Vous allez vouloir l'aérer de temps en temps.
2. **LES NANAS**
   À moins que vous n'apparteniez à une famille royale du Moyen-Orient, les femmes ne seront pas livrées sur le pas de votre porte.
3. **LES BARS**
   Les gens vont vous dévisager si vous essayez de jongler entre votre enfant et votre single malt coûteux. Grâce à la poussette, vous disposerez de vos deux mains pour bercer votre boisson.

Au moment de choisir une poussette, il est facile de se perdre entre toutes les options. Quelle couleur est-ce que je veux ? Est-ce que je veux une poussette de jogging ? Le modèle pliant est-il sûr pour mon enfant ? Oubliez toutes ces bêtises ! Tout ce qu'il vous faut, c'est un modèle qui passe la porte de votre club de gentlemen. Vous feriez mieux d'acheter la moins chère que vous trouverez et de la customiser pour la changer en une « Brossette ».

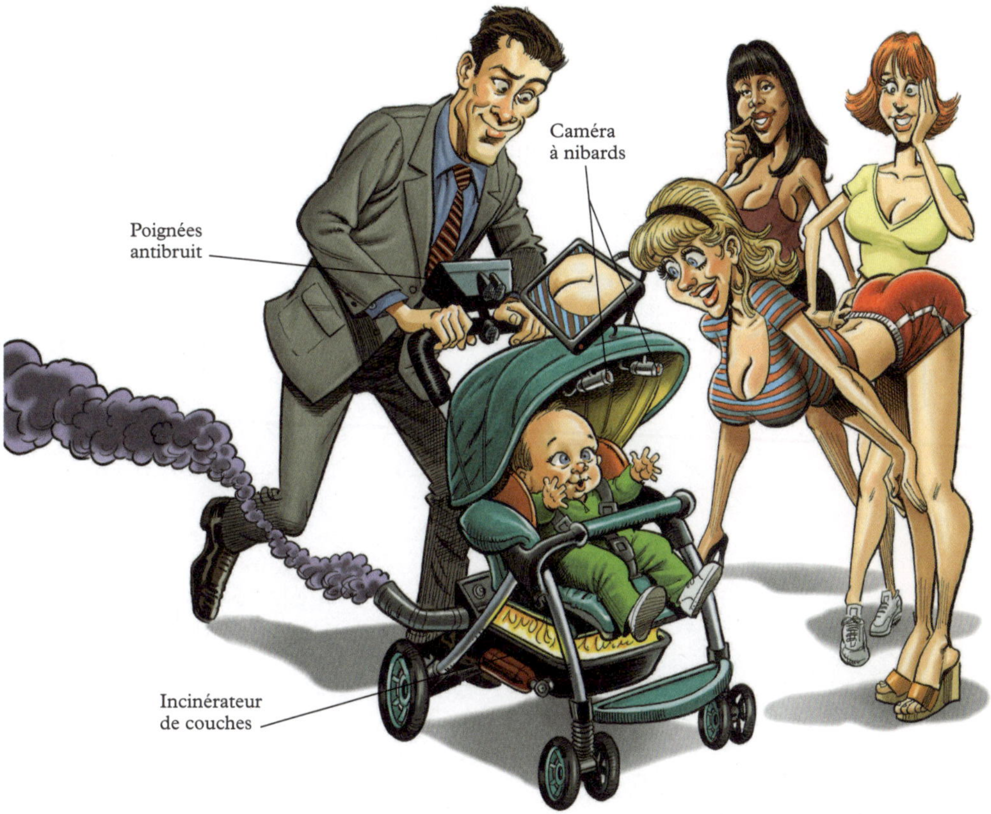

COMMENT TRANSFORMER VOTRE POUSSETTE EN BROSSETTE

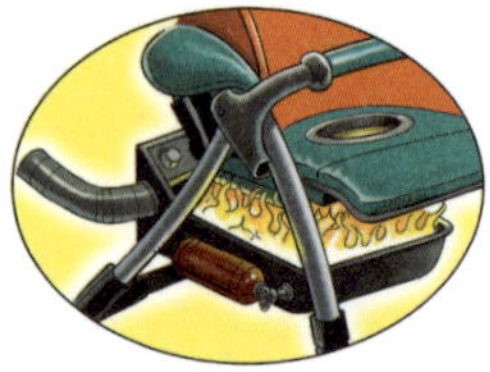

Une caméra à nibards

Quand vous serez en balade, d'innombrables femmes se pencheront sur la poussette pour s'extasier devant votre petit chéri. La caméra 3D cousue dans la capote vous permettra de vous extasier sur leurs petits chéris à elles !

Des poignées antibruit

Selon toute vraisemblance, vous vous rendrez compte que les enfants sont très forts pour pleurer, tousser, roter et toutes autres nuisances sonores incroyablement puissantes. Des ondes amplifiées dirigées directement vers votre tête génèrent des parasites qui font taire votre enfant et éradiquent toute autre pollution sonore ambiante comme les Klaxon, les coups de feu, les étrangers bavards et la maman de votre bébé qui jacasse sur sa « dépression post-partum quasi paralysante » et autres absurdités. Les femmes… Pas vrai, les gars ? !

Un incinérateur de couches

Fini les conteneurs à couches dégueu lorsque vous êtes de sortie ! Enfournez simplement une couche fraîchement souillée ou un body couvert de bave dans la chaudière, qui brûle constamment à une bonne température de 700 degrés, transformant ainsi en toute sécurité les ordures en méthane inoffensif, en azote, en particules de métal lourd hétérogènes et en émissions de dioxyde de soufre.

PERMIS D'ABUSER : CE QUE VOTRE ENFANT PEUT VOUS AIDER À ÉVITER

Tout comme la grossesse, les premières années de votre bébé sont un moment formidable pour profiter d'autrui. Voici quelques éléments sur lesquels vous pourrez capitaliser maintenant que vous avez un enfant.

- **LARGUER VOS AMIS CHIANTS.** Les propositions d'aller chiner ou d'essayer un nouveau resto pour le brunch avec les répugnants amis de votre partenaire sont facilement repoussées à l'aide d'un bref : « Désolé(e), tout petit bébé. »
- **PRENDRE DES PAUSES DE SALAUD.** Personne ne veut réellement savoir combien de temps est nécessaire pour allaiter ou changer une couche. Profitez de cette ignorance pour vous offrir la séance de 11 heures pendant la pause-déjeuner ou pour vous caler une bonne session de *Modern Warfare 3* lorsque vous disparaissez dans votre bureau pour vous « pomper ».
- **ÉCHAPPER AUX OBLIGATIONS FAMILIALES TROP NAZES.** Il n'y a pas pire que les visites de votre famille et, à cause du nouveau venu, ils seront tous sans doute encore plus insistants, collants et difficiles à mettre à la porte… sauf, bien sûr, si vous les informez que bébé a des

maux de ventre. S'ils répondent : « Mais on ne sent rien », vous avez toujours la possibilité atomique de vous faire dessus. Dégueu ? Peut-être, mais certains Noël sont suffisamment interminables pour qu'au moins vous envisagiez cette solution.

- **EMMAGASINER LES KILOS.** Quand vous portez votre enfant, il est très difficile de distinguer où finit votre silhouette et où commence celle du bébé. C'est donc le moment idéal pour vous goinfrer.
- **PASSER DEVANT TOUT LE MONDE.** Parce que personne ne veut être confronté à un bébé en pleurs, les gens s'écarteront pour vous laisser passer. Si vous vous retrouvez à l'extrémité d'une longue file et que votre bébé ne pleure pas, pincez-le doucement pour ouvrir illico les vannes. Si ça ne marche pas, vous pouvez toujours vous essayer à la ventriloquie en amateur et imiter vous-même ses cris.
- **PÉTER EN PUBLIC.** Les bébés exhalent en permanence une puanteur d'urine, de diarrhée et de désespoir séchés. C'est l'occasion de lâcher une caisse sans vous soucier des badauds innocents. Même si vous en laissez partir une qui résonne comme une corne de brume, les gens penseront que votre bébé a vomi… ce qui est sans doute le cas.

LE TUYAU D'ONCLE BARNEY (HÉ HÉ !)

C'est le moment parfait pour vous faire enfin poser les implants mammaires dont vous avez toujours rêvé. Bientôt, vos nichons vont rétrécir jusqu'à retrouver leur taille normale, donc si vous êtes à présent « surclassée du bonnet », les gens se souviendront sans doute moins de vos vieux lolos tristes et fatigués.

LE LAIT INFANTILE

Bien qu'il n'y ait pas de moment défini pour arrêter d'allaiter, la plupart des mères décident de mettre le holà quand elles peuvent poncer et vitrifier un parquet en n'utilisant qu'un bidon de polyuréthane et leurs tétons ravagés. Selon toute vraisemblance, vous nourrirez alors votre enfant au lait infantile : un complément alimentaire à base de lait en poudre ou liquide spécialement conçu pour les nourrissons. En moyenne, cela vous coûtera 83 dollars le pack de six, mais certains acheteurs avertis parviennent habituellement à faire de bonnes affaires sur des lots périmés depuis peu.

Mais plutôt que de vous contenter de verser le lait dans le gosier de votre bébé, pourquoi ne pas vous amuser un peu en lui faisant découvrir le monde merveilleux du mélange de boissons ? Vous trouverez ci-contre une liste des cocktails les plus populaires à base de lait infantile.

COCKTAIL AU LAIT INFANTILE	MÉLANGE
Lait et Red Bull	1/2 de petit-lait de vache 1/2 de boisson énergétique à base de caféine
Gerbi & Tonic	1/2 de tonique 1/2 de jus de citron
Dodotini	3/4 de lait à base de soja 1/4 d'olive broyée 1 comprimé de sédatif écrasé
Burpy Mary	1/4 de jus de tomate 1/4 de Tabasco 1/2 d'eau pétillante
Irish Couche Bomb	1/2 de *root beer* 1/4 de lait en poudre à base de soja parfum vanille 1/4 de whisky Jameson

ATTENTION !

Pour les mecs seulement : lorsque vous nourrirez votre enfant, vous laverez un nombre incalculable de biberons et de tétines. Évitez de faire des commentaires et de comparer les différentes tailles et formes de tétines avec celles que vous avez observées sur le terrain à la glorieuse époque de votre célibat. Oui, même si un jour vous en avez vu de la forme, de la couleur et de la taille d'un sombrero, d'un chapeau de sorcière, voire, encore plus rare, d'un manche à air.

LE SOMMEIL

Jeune parent, ce qui vous manquera le plus, outre la stabilité financière, les week-ends et une vie sexuelle épanouie, ce sera le sommeil. Votre nourrisson est programmé pour se réveiller en poussant des cris perçants à la seconde où vous vous assoupirez. C'est conçu pour être tellement ennuyeux que dix-huit ans plus tard, vous ne cillerez pas en le foutant à la porte.

Heureusement, quand il s'agit de bercer un être humain pour qu'il s'endorme, j'ai une grande expérience. Pourquoi ? Parce qu'il est beaucoup plus facile de se tirer en douce de chez la personne avec qui tu viens de coucher si elle est endormie.

Voici quelques stratagèmes d'endormissement efficaces, à employer sur votre enfant.

- **UN FILM DE MERDE** Faites regarder un long-métrage lent et vain à votre bébé. Je recommande *Le Patient anglais*, *No Country for Old Men* ou n'importe quelle réalisation de Paul Thomas Anderson.

- **UNE DINDE FARCIE** Vous savez à quel point vous avez sommeil entre le match de foot et la tarte, à Thanksgiving ? C'est la même idée ici. Fournissez à votre enfant un dîner classique à base de dinde, de farce, de sauce à la canneberge, d'œufs à la diable, de haricots verts et de patates douces confites, et il s'endormira en deux temps, trois mouvements.

- **TED** Empruntez mon copain Ted et faites-le parler d'architecture ou de cette fille formidable qu'il vient de rencontrer et qui pourrait bien « être la bonne ! ».

- **L'EXERCICE** Mettez votre enfant sur un vélo elliptique ou sur un tapis de course pendant trois quarts d'heure à une heure. Voilà qui devrait bien le crever, ce petit saligaud.

- **FAITES UN MIX DE CHANSONS RAMOLLOS** Créez une liste de chansons douces pour bercer votre enfant. Voici un exemple de liste.

  Hurt – Trent Reznor

  Brick – Ben Folds Five

  Eleanor Rigby – The Beatles

  Mad World – BO de *Donnie Darko*

  I Hate Myself and Want to Die – Nirvana

  Nothing Compares to You – Sinead O'Connor

  How to Disappear Completely – Radiohead

  Suicide Is Painless – Thème de *M*A*S*H*

  Everybody Hurts – R.E.M.

  Sounds of Silence – Simon & Garfunkel

STRATÉGIES ANTI-LARMES

L'une des plus grandes frustrations des premières années de la condition parentale, ce sont les pleurs apparemment incessants. Malgré tous vos efforts, rien ne mettra un terme aux perpétuels reniflements, aux hurlements assourdissants et aux beuglements abrutissants. Cerise sur le gâteau, votre bébé aussi va pleurer tout son soûl.

Honnêtement, vous n'en auriez rien à secouer que votre enfant ne dorme jamais la nuit s'il la fermait, mais il explosera à la moindre perturbation : un petit changement de température, une couche légèrement humide, une petite soirée échangiste fougueuse mais classieuse avec vos voisins pervers.

Si vous avez l'impression que votre enfant pleure de manière inconsolable plus de trois heures par jour, il souffre peut-être de « coliques », une maladie qui provoque de longues périodes de pleurnichements, de plaintes et de gazouillis sans raison apparente. Je connais bien ce mal, car Ted, mon meilleur ami, en souffre.

Parce que les pleurs excessifs sont très perturbateurs, de nombreux soi-disant experts ont développé des stratégies pour les éviter. Voici les plus populaires…

- **LA MÉTHODE FERBER** Ignorez votre enfant.
- **LA MÉTHODE SEARS** Étouffez votre enfant de votre affection, pas avec un oreiller.
- **LES 5 C** Couvrir – Coucher sur le ventre – Calmer – Caresser – Cajoler… technique excellente qui fonctionne aussi en cas de rencard torride.

J'ai essayé toutes ces méthodes sur Ted, et aucune n'a fonctionné. Il a bien été apaisé pendant une grosse heure lorsque je l'ai emmitouflé, mais il s'est ensuite agité puis remis à pleurer comme un veau de manière incontrôlable.

Si vous voulez vraiment que votre enfant cesse de pleurer, je vous recommande le système MMMMM, compris dans la Méthode Stinson mondialement connue.

- **MUSIQUE** Puisque les bébés semblent facilement distraits par la musique, le mouvement et le contact physique, essayez d'emmener le vôtre dans une boîte de strip-tease.
- **MIROIR** Attendez que votre bébé s'endorme, puis mettez-vous à pleurer très fort dans son oreille jusqu'à ce qu'il comprenne à quel point c'est ennuyeux.
- **MANO À MANO** Asseyez votre enfant et expliquez-lui brièvement mais fermement pourquoi ses pleurs sont inacceptables. Répétez autant de fois que nécessaire.
- **MOUVEMENT** Partez de chez vous et revenez quand les pleurs ont cessé.
- **MÉDOCS** De nombreux médicaments que l'on trouve sur et sous le manteau peuvent le relaxer. À vous de voir si vous les prendrez vous-même ou les administrerez à votre bébé, mais gardez à l'esprit qu'il ne se rendra sans doute jamais compte du prix que vous avez payé pour vous les procurer.

TRADUCTEUR DE PLEURS DE BÉBÉ

PLEURS	TRADUCTION EN LANGAGE HUMAIN
Ouaaaaah ! Ahhhhhhhhh ! Ah ah... Ouaaah !	« Maman, j'aimerais sucer tes lolos. »
Aaaaaah ! Yuh yuh aaaaaaaaaaaaaaaaah !	« Sérieux ! Nichons ! Tout de suite ! »
Hoooooooooooo ! Hooooooo ! Ahhhhhh.	« Hé, les meufs ! Matez ma culotte. »
Hoooooooooo ! Haaaaaaaaaaaa !	« Mate mon imitation d'Al Pacino. »
Aaaaaaaaah ! Aaaaaaaaaah ! Ouaaaaaaaah !	« Excusez-moi, j'ai du mal à rouler sur le ventre. »
Wah ! Wah ! Wah ! Wah ! Wah ! Wah ! Wah !	« Moi non plus, je ne sais pas pourquoi je pleure. »
Ouaaaaaaaaaaaaaaaaaaaaaaaaaaaaaah !	« Tu te souviens des nombreux articles que tu as lus sur l'érythème fessier ? Tu vas sans doute vouloir jeter un p'tit coup d'œil à mes bonnes vieilles fesses. »
Ouuuuuuh ! Ouaaaaaaaah ! Aaaaaaaaah !	« Viens ici ! J'ai envie de te vomir dessus ! »
Ouuuuuuh ! Aaaaaaaaah ! Ouaaaaaaaah !	« Viens ici ! J'ai envie de te faire pipi dessus ! »
Waaaaaaaaaaah ! Waaaaaaaaaaaah ! Urp.	« Je viens juste de transformer mon body en bidet. »

BERCEUSE

Une berceuse est une chanson destinée à apaiser votre enfant pour qu'il s'endorme. La berceuse la plus populaire de la langue française est *Fais dodo, Colas mon p'tit frère.*

Fais dodo, Colas mon p'tit frère,
Fais dodo, t'auras du lolo.

Maman est en haut, qui fait des gâteaux,
Papa est en bas, qui fait du chocolat.

Fais dodo, Colas mon p'tit frère,
Fais dodo, t'auras du lolo.

Que ces paroles sont stupides, quand on y pense ! Grave démodées, pas vrai ?! Qui parle encore comme ça à son enfant ? Voici un remix génial, modernisé...

Pionce un peu, Enzo mon p'tit père,
Pionce un peu, t'auras un steak bleu.

Maman est sur Tweeter ou sur son Tumblr,
Papa est au café, il paye sa tournée.

Pionce un peu, Enzo mon p'tit père,
Pionce un peu, t'auras un steak bleu.

LE PARC À BÉBÉ

L'un des achats les plus cool que vous ferez est celui d'un parc à bébé, qui sera la première garçonnière de votre enfant. Il y passera jusqu'à seize heures par jour tandis que vous traînerez avec vos Bros ; vous voudrez donc l'équiper du dernier cri en matière de technologie.

Une télé 40 pouces à écran plasma

Je sais que 40 pouces, ça a l'air ridiculement petit pour une télé, mais pour votre bébé, c'est la taille d'un mur entier ! En bonus, ce format garantira à votre enfant une exposition continue à de fortes radiations d'ultraviolets, si bien qu'il affichera un teint sainement cuivré au bout d'un demi-épisode de *Bubble Guppies* seulement.

Le premier Jacuzzi de bébé

Vous ne parviendrez probablement pas à caser un vrai Jacuzzi dans le parc, mais une plaque de cuisson et une grosse casserole peuvent faire office d'alternative maligne et marrante pour votre petit ange.

Un sabre de samouraï du XVe siècle

Super sujet de conversation.

Un aquarium de poissons rares

Initiez votre enfant au monde merveilleux de la biologie marine en lui offrant sa première collection personnelle de poissons ballons, pastenagues, murènes, méduses-boîtes vénéneuses, serpents de mer et, si vous disposez de suffisamment d'espace, un requin-tigre mangeur d'hommes de cinq mètres de long.

IL ÉTAIT UN PETIT BROVIRE

Sur l'quel on n'avait jamais point niqué × 2
Ohé ! Ohé !

Ohé ! Ohé ! Pas d'bécot
Sur ce p'tit Brovire, tous puceaux
Ohé ! Ohé ! Pas d'bécot
Sur ce p'tit Brovire, c'est balot

À bord, ça frôle le craquage × 2
Il va falloir les-les-les soulager × 2
Ohé ! Ohé !

Au bout de cinq à six semaines × 2
Leur patience était-était épuisée × 2
Ohé ! Ohé !

On tira z'à la courte paille × 2
Pour savoir qui-qui-qui y passerait × 2
Ohé ! Ohé !

Le sort tomba sur le plus jeune × 2
Qui lui était vrai-vraiment grav'ment niais × 2
Ohé ! Ohé !

On cherche alors sous quelle forme × 2
Le pauvre enfant-fant-fant s'rait consommé × 2
Ohé ! Ohé !

L'un voulait qu'on le fasse boire × 2
L'autre voulait-lait-lait le dominer × 2
Ohé ! Ohé !

Pendant qu'ainsi l'on délibère × 2
Le jeune marin-rin n'peut que s'égayer × 2
Ohé ! Ohé !

Et dans un grand rire canaille × 2
Il prie ses potes-potes-potes de s' dépêcher × 2
Ohé ! Ohé !

LE BRO QUI CRIAIT À LA BONNASSE

Il était une fois un Bro qui envoyait des textos à ses Bros : « Bonnasses au bar ce soir ! » Lorsque ses Bros arrivaient pour lui servir de copilotes, il se moquait d'eux, car il n'y avait pas de bonnasses, juste, genre, plein de mecs. Le Bro répéta la blague une ou deux fois parce qu'il trouvait que c'était à mourir de rire, et ça l'était, jusqu'au soir où il rentra dans le bar pour se trouver face à face avec le shooting du calendrier *Hawaiian Tropic*. Paniqué, le Bro envoya un texto à ses Bros : « Les gars, sérieux, j'ai besoin d'un copilote ce soir… Shooting d'un calendrier de bonnasses ! » Mais cette fois, les Bros ne prêtèrent pas attention à ses cris, pas plus qu'ils n'interrompirent leur marathon de jeux vidéo pour l'aider. Le Bro essaya de lever une minette en Bikini tout seul, mais sans copilote, il fut mis en pièces par tout le troupeau.

Il ne faut pas croire un Bro qui ment au sujet de bonnasses,

même s'il dit la vérité.

QUATRIÈME PARTIE

LE ROYAUME DE LA PETITE ENFANCE

Lorsque votre rejeton atteindra l'âge d'un an, ce ne sera plus un bébé mais un tout-petit. Les deux ou trois prochaines années promettent d'être magiques, puisque la chair de votre chair apprendra à marcher et à faire des phrases, et comprendra peu à peu que le caca, ça va dans les toilettes, ça ne s'étale pas sur le visage.

C'est aussi l'époque où il va commencer à interagir avec d'autres enfants, au parc, lors de goûters d'anniversaire et partout où vous le traînerez dans l'espoir de rencontrer d'autres parents esseulés et désespérés cherchant à tirer un petit coup vite fait avant de retrouver la routine de la parentalité.

C'est une époque de formation pour votre enfant, qui apprendra les compétences sociales sur lesquelles il devra se reposer une fois adulte. C'est donc le moment idéal pour commencer à enseigner à votre petit garçon à parler aux filles, et à votre petite fille comment parler dans le dos des autres filles.

LES GOÛTERS D'ANNIVERSAIRE

Lorsque votre enfant atteindra l'âge d'un an, vous serez tenté de fêter dignement sa première bougie, même s'il ne comprendra rien à ce qui se passe, qu'il ne s'en souviendra pas et qu'il vomira probablement son *cupcake* sur son tee-shirt tout neuf… À y penser, ça ne sera pas très différent de son vingt et unième anniversaire.

Au moment d'organiser la fête, pensez à inviter toutes vos connaissances ayant un enfant, même si, genre, vous les détestez et que leur gosse est déjà un énorme con. Pourquoi ? Parce qu'on ne peut jamais prédire qui deviendra riche et célèbre, et qu'une photo de ce gamin à l'anniversaire de votre môme pourrait valoir une fortune lorsque le Congrès américain sera enfin renversé par TMZ, le site d'actu people.

En établissant la liste des convives, vous aurez envie d'inviter vos amis célibataires et vos couples sans enfant préférés. Si vous le faites, sachez qu'ils vous en voudront toute leur vie de les avoir obligés à assister à cet événement en les prenant par les sentiments, et qu'il est fort possible qu'ils ne vous reparlent plus jamais. Quel que soit votre choix, assurez-vous qu'il y ait plein de picole pour tout le monde.

MODÈLE D'INVITATION

Devinez qui a finalement réussi à souffler sa première bougie sans en mettre partout ?

Soyez des nôtres pour célébrer le premier anniversaire de notre petit crétin ! Venez garder un œil sur le petit garçon dont c'est la journée, pendant que nous tâcherons de rattraper quasiment deux ans de sobriété forcée en moins de trois heures. Vêtements en option.

Où : **Magasin de spiritueux « Jim le Cochon ».**

Quand : **Samedi après-midi, en même temps que la finale… exactement comme l'an dernier à la naissance de ce petit saligaud.**

LA MATERNELLE

Même si votre enfant n'ira pas à la maternelle avant une ou deux interminables années, il n'est jamais trop tôt pour vous mettre à graisser la patte aux meilleurs établissements. Des études ont montré que plus la maternelle fréquentée par votre enfant est sélect, plus il aura de chances de faire fortune, d'épouser un mannequin lingerie, de posséder un chalet aux Deux-Alpes ou de se tirer une balle dans la tête quand la Commission de réglementation et de contrôle des marchés financiers finira par le rattraper. Ne souhaitez-vous pas offrir cette opportunité à votre enfant ?

On vous a probablement dit que les chances pour qu'il soit accepté dans la meilleure maternelle du coin sont plutôt minces. Et c'est tristement vrai. Le taux d'acceptation dans les meilleures maternelles est souvent inférieur à 10 % quand on enlève les familles ayant déjà un enfant dans l'école, les parents qui ont fait des dons considérables et les mères impatientes qui ont concédé suffisamment de « faveurs » pour qu'on puisse rebaptiser le bureau des admissions, « bureau des émissions ».

Vous croyez que votre enfant possède les qualités nécessaires pour faire partie des 10 % ? Voici un test. Regardez-le et essayez d'identifier l'objet qu'il tente de se fourrer dans la bouche. Il ne sera pas admis.

Puisque vous voulez certainement que votre enfant intègre l'une des meilleures maternelles, je vous recommande fortement l'une des options suivantes.

1. Faites un don important qui puisse financer un nouveau terrain de sport, un nouveau labo ou un jet privé.

2. Piégez le directeur des admissions avec une prostituée de luxe, prenez des photos de leur rencontre, puis remettez-les en mains propres au directeur dans une enveloppe kraft contenant la candidature de votre enfant.

3. Embauchez un acteur nain pour réussir l'entretien. (Si vous voulez le top du top, prenez Peter Dinklage. Il exigera probablement un crédit de producteur exécutif, mais soyons réalistes : votre enfant a bien plus de chances de recevoir le feu vert de l'école si Dinklage est pris.)

APPRENDRE LA PROPRETÉ

Lorsque vous en aurez marre de changer des couches, il sera temps d'apprendre à votre enfant à utiliser les toilettes ou, comme les experts le disent, « à aller sur le pot ». Le moins qu'on puisse dire, c'est que la tâche ne sera pas aisée. Apparemment, votre enfant se comportera comme si utiliser les chiottes était la chose la plus effrayante de la terre, et ce sans jamais avoir mis les pieds dans celles d'une station-service ou d'un aéroport.

L'un des plus grands défis de cet apprentissage est le nombre vertigineux de « transactions » que votre enfant effectue. Un petit enfant peut uriner jusqu'à vingt fois par jour, aussi souvent qu'un papi incontinent, qu'un étudiant bourré ou que n'importe quelle nana. En ce qui concerne le caca, disons que, parfois, l'arrière-train de votre môme ressemblera au distributeur à Coca d'un McDo.

Face à une telle production de déjections, enlever la couche de votre enfant semble aussi censé que d'ôter la sécurité d'une mitraillette et de la tendre à un milicien autoproclamé à la frontière mexicaine le jour du Cinco de Mayo. Pour vous aider à protéger vos meubles, vos sols et vos animaux domestiques lorsque le caca atteindra des sommets au sens propre, je vous conseille de recouvrir votre maison de papier journal… à condition qu'on continue d'en imprimer.

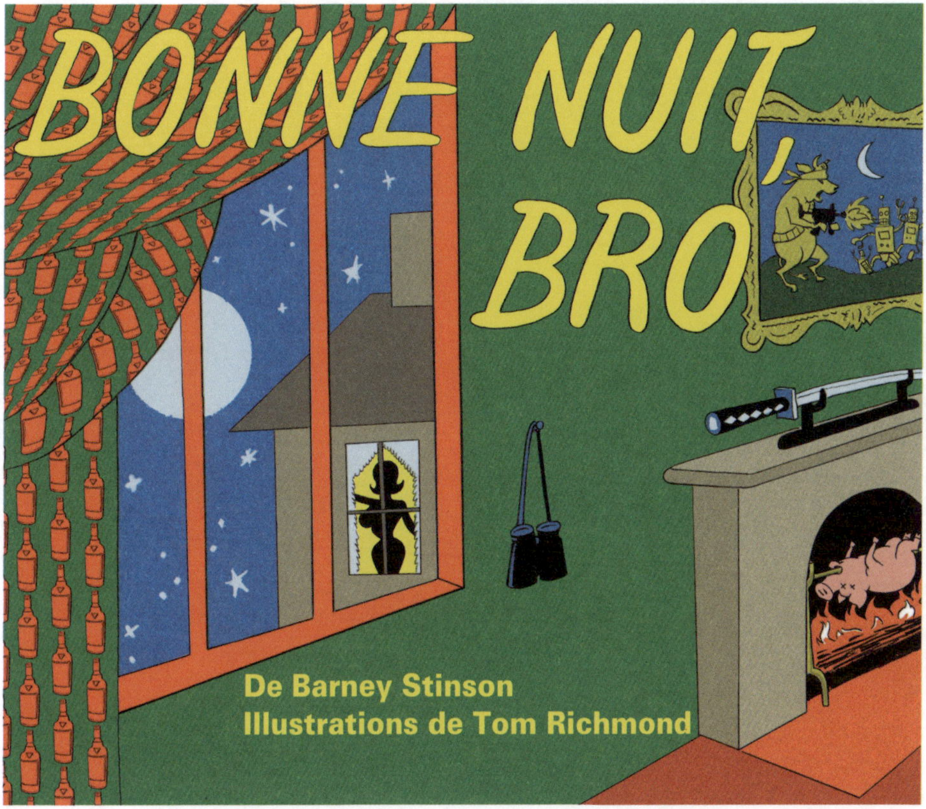
BONNE NUIT, BRO
De Barney Stinson
Illustrations de Tom Richmond

Dans la chambre du petit Bro,

Il y a un joli minibar

Et une belle guitare

Et le poster

D'une porn-star du Myanmar

Et une chaise de massage sur un ours mort

Et une rangée de costumes
Et des bottes qui vont
sur la Lune
COHIBA

Et un bookmaker aigri
Et aussi un yéti

Bonne nuit, Xbox

Bonne nuit, délit d'initié

Bonne nuit, les étoiles

Bonne nuit, la veuve à gros seins

COHIBA

Bonne nuit, Bro

À PETITS PAS

L'une des plus grandes joies des parents, c'est de regarder leur enfant avancer à quatre pattes puis faire ses premiers pas. Pourquoi est-ce si satisfaisant ? Parce que chacun de ses minuscules pas vous rapproche un peu plus du moment où vous allez enfin pouvoir abandonner ce porte-bébé débile.

À mesure que votre enfant deviendra plus mobile, il vous faudra être plus vigilant. La triste vérité, c'est qu'il n'en faudra pas beaucoup pour que votre petit aventurier connaisse la tragédie : regardez ailleurs pendant quelques secondes et il pourra facilement passer la porte, traverser la rue et se retrouver dans un magasin de fringues au rabais.

Dans cette crainte, certains parents décident de promener leurs enfants en laisse, et ils font croire que ce n'est pas dégradant parce qu'elle est reliée à un harnais caché dans un sac à dos en forme d'animal coloré. Bien sûr, si la sécurité est votre préoccupation première, une simple laisse ne suffira pas. Pour moins de 60 dollars, vous pouvez vous procurer un pieu, une bonne longueur de chaîne en acier galvanisé et un collier étrangleur afin de créer un parc pour tout-petit dans votre jardin. Si vous avez un plus gros budget, vous pouvez toujours vous ruer sur une clôture électrifiée, plus esthétique. Note : s'il y a des coyotes, des ours ou d'autres prédateurs de grande taille dans votre coin, vous souhaiterez peut-être armer votre enfant d'un pistolet puissant ou d'une arbalète.

LA TÉLÉVISION

Les parents ont des sentiments contradictoires à l'égard de la télévision. Certains s'inquiètent du sexe, de la violence et de la vulgarité, et préfèrent exposer leurs enfants à des histoires sensiblement plus édifiantes comme celles que l'on trouve dans la Bible et qui parlent de génocide, de décapitations et d'un type cloué à un morceau de bois et laissé à agoniser là.

En vérité, il est difficile de dire quels programmes sont sans danger pour votre enfant. Pour vous aider à prendre une décision sur ce que vous pourrez laisser votre enfant regarder en toute connaissance de cause, voici quelques émissions télé et quelques films sur lesquels vous devrez garder un œil.

SANS DANGER POUR LES ENFANTS	
South Park	Les enfants adorent les dessins animés.
Kill Bill	Encourage les valeurs positives des samouraïs, comme l'honneur, la loyauté et la vengeance sanguinaire.
Simetierre	Donne aux enfants l'espoir que même quand vos animaux de compagnie meurent, ils ne vous quittent pas vraiment.
Le Parrain	Leur enseigne l'importance de la famille.
Die Hard (Piège de cristal)	Euh... C'est énorme ?
DANGEREUX POUR LES ENFANTS	
5, rue Sésame	Fait l'apologie de fétiches poilus malsains et peut faire de vos enfants des adeptes de la fourrure.
Patate et le jardin potager	Les légumes anthropomorphes effraient les enfants et les dégoûtent des légumes.
Massacre à la tronçonneuse	Pourrait ennuyer vos enfants à mort.
Hannah Montana	Peut se révéler dérangeant pour vous à regarder maintenant que Miley Cyrus a enfin plus de dix-huit ans.
Winnie l'Ourson	Enseigne aux enfants que les ours ne sont pas de féroces animaux sauvages mais plutôt des bègues diabétiques et câlins.

LA COMPÉTITION

Tôt ou tard, votre enfant sera confronté à sa première compétition, qu'il ou elle s'intéresse à la danse, à l'athlétisme ou à des exploits de neuneus comme les maths ou les sciences. Soudain, vous vous retrouverez cerné par des parents proférant des imbécillités new age comme « L'important, c'est de participer », « On a tous gagné, peu importe ce que dit le panneau des scores » ou « Ce n'est pas parce que Jacob a mis un hors-jeu alors que vous alliez revenir au score que tu as le droit de lui cracher dessus… Enfin, bon sang, tu es adulte, quoi ! ».

Que cela vous plaise ou non, le monde est fait de gagnants et de perdants, et plus tôt votre enfant apprendra cette leçon, mieux il sera armé pour affronter les défis de l'existence. C'est pourquoi ça peut valoir le coup de demander à votre enfant de vous regarder pendant que vous remettez un pot-de-vin à l'arbitre ou au jury pour lui garantir la victoire. La plupart d'entre eux sont des lycéens, donc ça ne devrait pas vous coûter bien cher. Commencez par leur proposer un pack de six de bière locale, et voyez ce que ça donne.

Lorsque la compétition commencera, vous devrez contrôler vos émotions. Aussi difficile soit-il de regarder votre enfant concourir, il est encore plus ardu d'éviter de vous comporter comme vous le feriez en tant que spectateur. Voici quelques écueils fréquents à éviter…

NE PAS...

Porter une réplique du maillot de votre enfant orné du numéro 69.
Crier « Aux chiottes ! » à l'attention du coéquipier trop nul de votre enfant.
Ouvrir un stand de paris impromptus et prendre les mises sur tout et n'importe quoi, de l'écart de points à des inventions comme « le premier gamin à fondre en larmes ».
Acheter un *kegerator*, un grill monté sur remorque et un bus de 13 mètres pour pouvoir régaler la cantonade comme il se doit avant chaque match.
Courir à poil sur le terrain.

Concours d'orthographe

LA DISCIPLINE

En matière de punition, il y a de nombreuses approches. Certains parents choisissent d'établir des règles claires et de les appliquer dûment et systématiquement, tandis que d'autres choisissent d'être géniaux.

Quelle que soit la philosophie pour laquelle vous opterez, votre enfant finira par commettre une action qui nécessitera une correction, que ce soit toucher la cuisinière, boxer le chien de la famille ou trouver la collection de vidéos de papa qui était soigneusement cachée dans un sac de bowling au fond du garage.

Bon, à l'évidence, vous ne pouvez pas fesser votre enfant : cette pratique est abusive, datée et plus adaptée à des adultes dans une chambre. Alors, quelle est la meilleure manière d'éduquer votre enfant ? Essayez donc l'une ou l'autre des techniques ci-contre.

Au coin… de la maison	Vous avez sans doute déjà entendu parler du « coin », qui consiste à placer votre enfant face à un angle pendant dix minutes. C'est beaucoup trop facile. Des études ont prouvé que l'on obtient de bien meilleurs résultats en le faisant s'asseoir dix minutes en silence à l'extérieur. La stratégie est particulièrement efficace en plein hiver.
Émission de merde	Obligez votre enfant à regarder un épisode entier de *Grey's Anatomy*, *The View* ou n'importe quoi dans lequel figure Chelsea Handler.
La technique de la planche	Si ça marche pour la CIA, ça devrait marcher pour vous.
Diminuer la bande passante	Pour provoquer une amélioration du comportement, le plus rapide, c'est de saboter la connexion Wifi de l'ordinateur portable ou du smartphone de votre petit.
Du cash	On dit que l'argent n'a pas d'odeur. En l'occurrence, l'argent peut ramener le silence pendant les quinze dernières minutes de *Mad Men*.

Max et les Maxibonnasses

Textes et illustrations de Barney Stinson

VOYAGER

Voyager avec un enfant en bas âge est un cauchemar. Quand vous sortez de chez vous, il faut que vous trimballiez tout le nécessaire, comme la nourriture, les lingettes, les jouets et les sédatifs à l'usage des vétérinaires.

Quelle que soit la longueur du trajet, votre enfant aura probablement le mal des transports, sera de mauvais poil et chouinera sans discontinuer jusqu'à ce que vous atteigniez votre destination. C'est un énorme problème parce que, en public, vous ne pouvez pas vous contenter de lui administrer une bonne tape sur le museau ou de vous enfoncer des boules Quies dans les oreilles comme vous le faites chez vous.

Si vous vous déplacez en voiture, la bonne nouvelle, c'est que vous n'aurez pas à le surveiller en permanence, parce que la loi exige qu'il soit emprisonné dans un siège auto. Même s'il parvient à couper la ceinture avec ses dents et qu'il se met à faire le fou, vous pouvez toujours noyer le chaos en baissant toutes les vitres et en mettant du AC/DC à fond. Si la situation vous échappe réellement, il vous restera toujours le coffre.

Malheureusement, si vous prenez l'avion, vous l'avez dans l'os. Soyez sûr qu'avant même que l'autorisation d'utiliser des appareils électroniques soit donnée, tous les passagers assis à moins de quinze rangées de votre enfant rêveront déjà de le bâillonner à l'aide d'un des masques à oxygène qui tombent du plafond. Bien sûr, vous pouvez soulager leurs souffrances en faisant les cent pas dans l'allée afin de torturer les autres pendant quelque temps, ou proposer de leur offrir un verre quand bébé décide d'imiter une sirène d'ambulance pendant quarante-cinq minutes d'affilée ; mais la triste vérité, c'est que, malgré tous vos efforts, tout le monde en son for intérieur espérera une soudaine dépressurisation catastrophique de la cabine.

Voilà pourquoi je vous propose Air Tout-Petit, une compagnie aérienne dédiée exclusivement aux enfants braillards et à leurs martyrs de parents. Une fois à bord de nos majestueux appareils, vous vous détendrez instantanément et passerez votre vol libéré de toute culpabilité en sachant que votre enfant contribue au même rang que les autres au concert assourdissant de hurlements, à la puanteur immonde de couches souillées et aux tressautements violents des fauteuils bourrés de coups de pied. Bien sûr, on aura peut-être un peu de mal à recruter l'équipage, et il est possible que tous nos vols soient au départ et à destination d'Orlando, mais comme la charge sera significativement moindre, on économisera un paquet sur le carburant.

Alexandre et la journée énorme, légendaire, épique, qui déchire tout
BARNEY STINSON
Illustré par Tom RICHMOND
HOVER
BOARD

Hier soir, je me suis couché complètement torché après une dégustation de scotch de six heures ; mais quand je me suis réveillé, pas la moindre trace de gueule de bois, et le mannequin lingerie norvégien que j'avais levé avait dû gober mon bobard sur les dangers liés à l'exposition à la puissance atomique de mon pénis, car il n'y avait pas non plus la moindre trace d'elle, et je savais que ça allait être une journée énorme, légendaire, qui déchire tout.

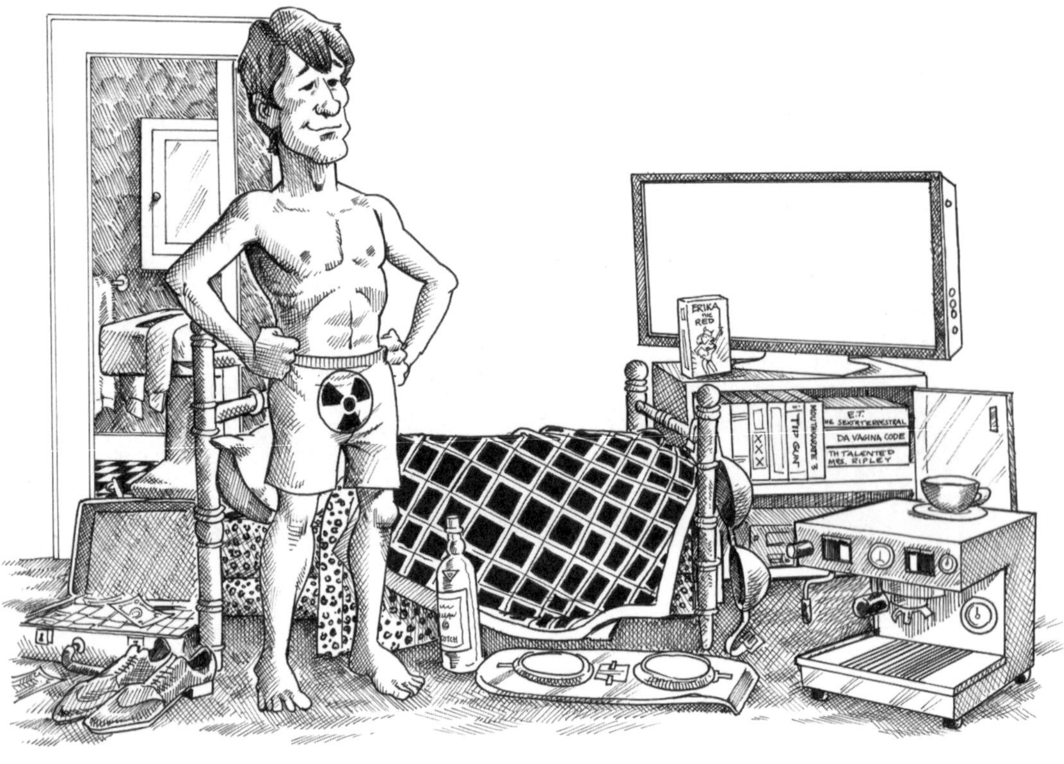

Au boulot, mon boss m'a encore donné une promotion et, cette fois, on m'a attribué le bureau de M. Schmidt et sa secrétaire défoncée, alors même que M. Schmidt est dans la boîte depuis trente ans et qu'il maîtrise sans doute bien plus que moi ce que notre boîte fait/produit.

À la pause-déj, j'ai trouvé un billet de 1 000 dollars, j'ai vu un taxi rouler dans une flaque et éclabousser une bonnasse vêtue d'un haut blanc, j'ai entendu un couple s'engueuler dans son apparte-

ment, j'ai vu un pigeon chier sur la tête d'un type, et je savais que ça allait être une journée énorme, légendaire, qui déchire tout.

Après le boulot, je suis allé chez le médecin, qui m'a dit que je pouvais manger ce que je voulais parce que j'ai 0 % de masse grasse ; et que mes tests sanguins et mes examens du foie indiquent que mon système rénal est vraiment très robuste, et non « que nous devrions nous y pencher de plus près » ; et que je pourrais participer à une dégustation de scotch tous les jours du reste de ma vie et vivre jusqu'à cent vingt ans sans aucun signe de vieillissement ; et que la tache bizarre que j'ai trouvée sur ma jambe est en réalité une tache de naissance ; et que mon pénis est parmi les 1 % les plus longs, ce dont elle s'est rendu compte lorsque j'ai eu besoin de son aide pour prélever un échantillon d'urine. Je savais que ça allait être une journée énorme, légendaire, qui déchire tout.

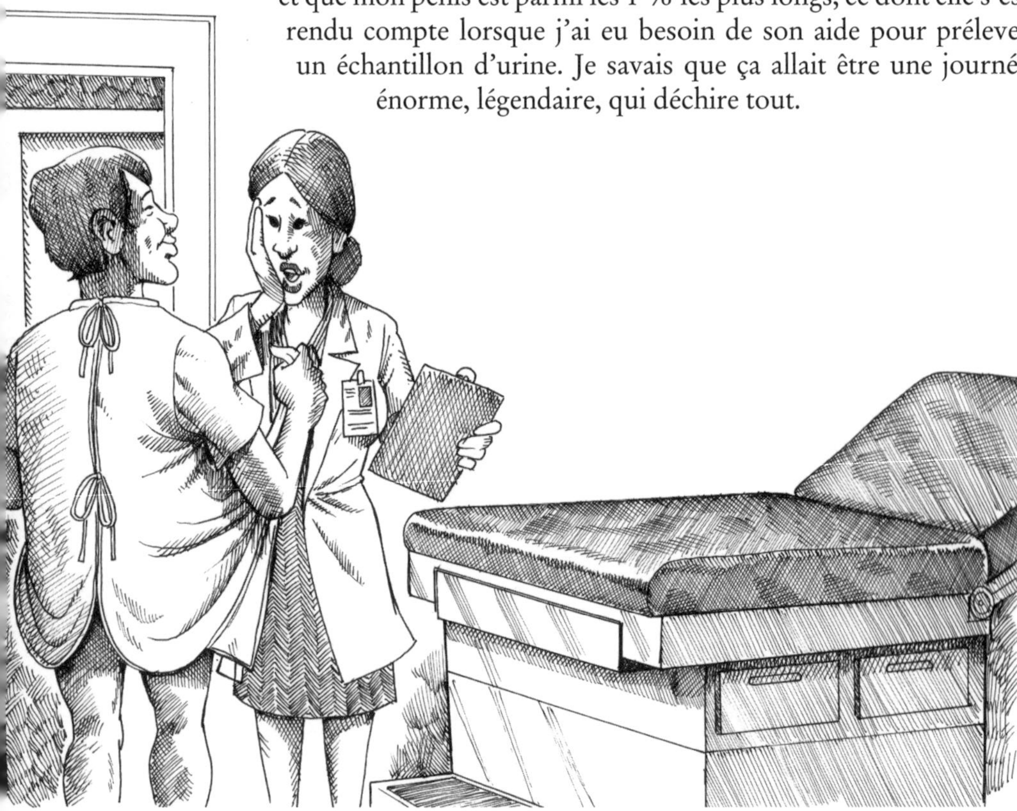

Au moment d'aller se coucher, mon invitée m'a laissé utiliser mon coûteux équipement vidéo, m'a proposé de faire quelque chose qu'elle n'avait jamais fait et m'a dit qu'elle ne pouvait pas rester parce qu'elle devait repartir auprès de sa famille, mais que je pouvais venir quand je voulais à son bureau pour un « entraînement » gratuit. Ça a été une journée énorme, légendaire, qui a tout déchiré.

LA FAC

Aller à la fac peut offrir un certain nombre d'avantages à votre enfant. Statistiquement, il gagnera deux fois plus d'argent s'il va à l'école que s'il choisit de se défoncer dans votre sous-sol en jouant à de vieux jeux sur Megadrive. Il s'enverra également deux fois plus en l'air… même si tout ce qu'il fera à la fac, c'est se défoncer en jouant à de vieux jeux sur Megadrive.

Malheureusement, les frais d'inscription dans les meilleures universités sont élevés et ne cessent de croître. À l'heure de la présente publication, les frais de scolarité moyens dans une université privée sont de 35 000 dollars par an. Si on compte l'inflation, les augmentations accordées au personnel éducatif et les salaires sans cesse croissants des sportifs universitaires, dans dix-huit ans ce montant devrait s'élever à 983 000 dollars, sans compter les dépenses relatives à l'hébergement, aux livres scolaires et aux amphétamines.

Des parents bien intentionnés, des membres de votre famille et des banquiers vous encourageront à investir vos précieuses économies dans un plan d'épargne scolaire. Il s'agit d'un instrument diabolique qui permet de faire des dons qui ne sont pas immédiatement imposables, de les déduire annuellement sur votre déclaration de revenus et de les distribuer gratuitement exonérés d'impôt à des fins éducatives lorsque votre enfant entre dans sa dix-huitième année. Il existe des moyens bien plus lucratifs pour valoriser votre patrimoine. Faites-moi confiance, je bosse à Wall Street.

La vérité, c'est que vous ne pourrez jamais lui payer l'université à l'aide d'une épargne classique. Bien sûr, vous pouvez toujours tenter d'obtenir une bourse, mais ne placez pas tous vos espoirs là-dessus : elles sont généralement réservées aux élèves qui ont de bonnes notes, qui excellent en sport ou qui ont trente-cinq minutes à perdre pour remplir le dossier de candidature. Ce que vous devrez faire, c'est vous débrouiller pour vous faire un max de blé en très peu de temps. Des études ont montré que le meilleur moyen d'y parvenir, c'est de monter une organisation criminelle clandestine, de louer vos services comme passeur de drogue ou de créer votre propre programme « Devenez riche rapidement » et de le vendre dans des émissions de télé nocturnes à des crétins aussi désespérés que vous.

Comble de l'ironie, l'un des meilleurs moyens de se faire plein de fric rapidement, c'est de fonder sa propre université, d'offrir à chaque étudiant un pack d'aide financière subventionné par le gouvernement pour les aider à payer leurs frais d'inscription, puis de leur facturer des taux exorbitants sur des frais cachés du prêt. C'est l'une des meilleures arnaques du moment ! Et si jamais vous ouvrez votre fac en ligne, vous n'aurez même pas à enfiler un pantalon ! Voici une rapide description de mon organisme d'apprentissage accrédité « à but non lucratif ».

UNIVERSITÉ BARNEY STINSON (UBS)

Localisation	Le cyberespace
Nombre d'inscrits	3-4 par nuit
Hommes/femmes	0/100
Dotation	Béni
Taux d'admission	12 %
Taux d'admission quand je suis bourré	50 %
Frais d'inscription	250 $/heure
Notes moyennes aux examens	12 en maths, 11 en parlote, 16 à l'oral

Hébergement	Garanti les 45 premières minutes, mais après il faut que tu partes parce que mes parents sont en ville.
Matières fortes	Études américano-asiatiques, théâtre de Polichinelle, économie parallèle, biochimie, cinéma underground, physique appliquée horizontalement, initiation au droit, initiation à la médecine, initiation à la baise, radiothérapie et imagerie moléculaire, communication non verbale, soins infirmiers coquins, étude de la condition féminine.
Mascotte	Les Bernacles furieuses.

LA VILAINE PETITE INTELLO

Il était une fois une famille où vivaient trois filles. La première était canon, la deuxième avait un corps capable d'arrêter la circulation, mais la troisième était une catastrophe ambulante au-dessus de la ceinture. Elle avait des furoncles, des poils et une acné bizarre qui, malheureusement, ne suffisait pas à détourner l'attention de son énorme blase.

À cause de son apparence répugnante, elle fut contrainte de se concentrer sur ses études, ce qui eut pour conséquence de faire d'elle une plus grosse cible… à supposer que ce soit possible physiquement étant donné ses dimensions d'armoire à glace. Tout le monde se moquait d'elle et lui donnait des surnoms comme « Boudinette » ou « Top-Moche ». Un jour, le proviseur lui-même l'appela « La Grosse Poucette » devant toute l'école en laissant le micro malencontreusement allumé après les annonces du matin.

Elle n'avait pas d'amis, et les seuls garçons qui manifestaient de l'intérêt à son égard l'utilisaient seulement pour approcher ses sœurs canon. Un jour, elle fut à deux doigts d'en finir, mais ne put trouver de poutre assez solide pour supporter sa charge, vu qu'elle pesait à peu près le même poids qu'un 4 × 4 Toyota plein. La gosse était grasse.

Vint un jour où on lui proposa un boulot super bien payé parce qu'elle était super forte en classe. Elle économisa pendant cinq longues années puis se fit poser un anneau gastrique, faire une rhinoplastie, un lifting du front, un lissage facial au laser, une procédure chirurgicale expérimentale sur la mâchoire au cours de laquelle les chirurgiens réorganisèrent ses os faciaux à l'aide d'une série de fractures contrôlées, une augmentation mammaire et une double opération du menton.

Sept mois plus tard, lorsque l'œdème fut résorbé et qu'on l'autorisa à ôter ses bandages, elle se regarda dans un miroir et n'en crut pas ses yeux. « Ffg mrrpkl essgty bt ! », s'exclama-t-elle, les lèvres encore engourdies à la suite d'une injection de collagène de dernière minute. Elle était tellement canon que tous ceux qui la regardaient avaient instantanément la gaule… même les nanas. Les méchants garçons qui voulaient uniquement sauter ses sœurs voulurent désormais la sauter. Elle était si contente qu'elle crut éclater… ce qui malheureusement se produisit quelques années plus tard lorsque son anneau gastrique finit par céder.

Fin

Guillaume et Guillaumette

Mon beau Guillaume, as-tu bien profité ?
Mais oui, Madame, on peut dire qu' j'ai sauté
Un paquet de minettes
Guillaume et Guillaumette
L'une d'elles en cloque sera
Et Guillaume se cass'ra.

MARIE ET SON PETIT COUP

Marie avait un p'tit coup
À qui elle avait fait tout
Mais partout où elle allait
Le type la suivait.

V'là qu'un jour il la suit à son office
Et ça, c'est une bêtise
Ses collègues choquées lui disent :
« Il t'a volée, c'est du vice. »

Elle demanda au juge de signer un arrêt
Mais le gars restait trop près
Derrière la porte il se planquait
Et la pauvre Marie harcelait.

« Mais c'est quoi ton problème ? »
Criait Marie, dégoûtée
« Maman m'a laissé chez H&M »
dit le harceleur éhonté.

GUGUS

C'est Gugus avec ses positions
Qui font flipper les filles (*bis*)
C'est Gugus avec ses positions
Qui font flipper les filles et les garçons.

Sur ma vie, je n'veux pas
M'approche-er (*bis*)
Sur ma vie, je n'veux pas
M'approcher de ce type-là.

Mais voilà, j'ai pas eu le choix
Il m'a prise (*bis*)
Mais voilà, j'ai pas eu le choix
Il m'a prise plus de dix fois.

LES PREMIERS MOTS

Lorsque votre bébé dit enfin ses premiers mots, c'est un moment doux-amer, parce qu'à partir du moment où il pourra aligner des mots pour former une phrase entière, il sera prêt à affronter le monde tout seul. Mais savoir si c'est bien un mot qu'il vient de prononcer peut être délicat, compte tenu de la quantité et de la variété de sons qui émanent constamment de sa zone d'opération. En règle générale, il est probable que son premier mot soit « blpppppprrrrrt », accompagné d'une soudaine odeur d'excrément.

Si vous êtes comme la plupart des parents, vous espérez secrètement que son premier mot soit « maman » ou « papa ». Vous avez peut-être même pris les paris avec votre partenaire. Vous avez peut-être même entraîné votre enfant en secret à dire votre nom. Vous avez peut-être même surpris votre enfant à dire le nom de l'autre et l'avez menacé de lui couper les vivres jusqu'à ce qu'il prononce votre nom en premier pour pouvoir gagner ce putain de pari.

En vrai, vous ne voulez vraiment pas que le premier mot de votre enfant soit un mot aussi nul et largement inintelligible que « maman » ou « papa » : vous voulez qu'il dise quelque chose de cool, parce que vous saurez alors que votre enfant ne sera pas un naze.

TRADUCTEUR DE PREMIERS MOTS DE BÉBÉ

PREMIER MOT	SIGNIFICATION
« Énorme »	Votre enfant va tout déchirer.
« Caca »	Il y aura un grand ménage dans votre futur.
« Argent »	Votre enfant aura une vie riche.
« Galipettes »	Vous élevez un joueur.
« Nénés »	Soit vous avez engendré un petit satire, soit il a faim.
« Scotch »	Il aimerait que vous mettiez un peu de scotch dans son biberon.

CONCLUSION
PRÉPARER L'AVENIR

Quand vous aurez mis votre enfant à l'école, vos devoirs parentaux seront largement terminés. À partir de maintenant, jusqu'à son départ définitif de la maison, votre rôle passera de principal pourvoyeur de soins et d'attention à celui de logeur désintéressé, occasionnellement contraint d'assister à un anniversaire, une réunion parents-profs ou une audience au tribunal.

Durant cette période, il y aura quelques moments clés.

LES FLEURS ET LES ABEILLES

La plupart des gamins apprennent ce qu'est le cul au contact de leurs copains ; mais si votre enfant est un solitaire ou un idiot fini, vous devrez peut-être tout lui expliquer. Ça risque d'être une conversation bizarre, mieux vaut donc lui demander de s'asseoir quand il est relativement calme, le regarder dans les yeux et lui dire : « Va voir sur Google. » Puisque la plupart des enfants ont une mémoire visuelle, vous pouvez toujours lui montrer un porno tranquille des années 80 et lui demander ensuite s'il a des questions. Si c'est le cas, croisez les doigts pour qu'elles ne portent pas sur le scénario.

AVOIR RENCARD

De nombreux parents se demandent à quel âge leur enfant peut commencer à avoir des rencards. La réponse est simple : tout dépend de son degré de canonitude. En règle générale, si vous vous surprenez à fantasmer sur au moins l'une des amies de votre fille, c'est que votre fille est en âge de sortir avec des garçons. Assurez-vous simplement de ne pas la brusquer en l'incitant à le faire, car chacun se développe à son propre rythme. Mon copain Ted a trente ans passés et, à mon avis, il n'a jamais eu un seul vrai rencard.

APPRENDRE À CONDUIRE

Apprendre à conduire à votre enfant peut être une expérience frustrante, stressante et parfois litigieuse. C'est pourquoi il est plus sûr de lui fournir une fausse carte d'identité, de voler une voiture et de le lâcher dans la rue. Ainsi, s'il a un accident et endommage la voiture, votre assurance ne vous donnera pas de malus.

Si vous parvenez à sortir de ces eaux tumultueuses, vous pourrez reposer fier et heureux, persuadé que même si votre enfant ne devient jamais Président, ne se marie pas ou ne contribue nullement à la vie de la communauté, du moins est-il statistiquement peu probable qu'il pète un plomb et ouvre le feu dans une épicerie ou dans un parc. Et en vrai, n'est-ce pas tout ce que vous pouvez souhaiter en tant que parent ?

DÉPANNAGE ET FAQ

Que faire si mon enfant a l'air malade ?

La maladie d'un enfant est l'une des expériences les plus atroces que vous vivrez en tant que parent. Vu la quantité et la diversité de fluides qu'un enfant est susceptible d'expulser quand il est malade, c'est aussi l'une des expériences les plus écœurantes. Le meilleur moyen de faire passer la maladie, c'est de faire marcher votre enfant. Cette réponse thérapeutique attestée a aidé de nombreux athlètes à se remettre après avoir pris un coup dans les roubignoles, et il n'y a pas pire pathologie que celle-là.

Vous devriez également résister à l'envie de vous précipiter à l'hôpital. Les hôpitaux ont mauvaise réputation pour leur nourriture déplorable et leur éclairage au néon qui, avouons-le, ne rend pas justice à votre teint. Surtout, à cause de leurs blouses à leurs initiales, de leurs plaques d'immatriculation distinctives et des privilèges liés à leurs carnets de prescriptions, on est en droit de s'interroger sur la qualité des médecins actuels, étant donné le nombre de personnes qui ont obtenu une thèse.

- **DR NO** Fameux méchant dans James Bond qui a décidé de baser son entreprise aérospatiale milliardaire en Jamaïque… comme s'il montait une coopérative de marijuana ou une école de sport et une piste olympique, et non une installation nucléaire high-tech d'astrophysique appliquée.

- **DR ROBERT BENTLEY** Gouverneur de l'Alabama qui a tenté de changer légalement son prénom pour « Docteur » afin que ce mot apparaisse sur les bulletins de vote, avec l'idée stupide que cela aurait un impact sur son assise électorale, largement composée d'illettrés.
- **DR WHO** Scientifique britannique bizarre qui possède une armée de fans un peu geeks sur les bords, ce qui, non sans ironie, est le seul élément qui m'empêche de regarder la série, même si on m'en a dit du bien. C'est dans ma liste d'attente sur Netflix.
- **DR DOLITTLE** Mec qui a la « capacité » de parler aux animaux. Quand j'étais petit, il y avait un type dans ma rue qui chantait des opéras entiers à l'attention d'une poubelle, mais je ne me souviens pas qu'on se soit empressé de lui décerner un diplôme d'études supérieures.
- **DOC BROWN** Comment le type qui a percé le secret du voyage dans le temps en inventant le convecteur temporel a-t-il pu décider d'installer cette technologie de pointe sur une DeLorean de 150 chevaux ? Je suis perdu : est-ce que genre le magasin Ford de Hill Valley était à court de Mustang, cette année-là ?

Mon enfant semble vraiment trop attaché à sa « tototte ». Dois-je m'en inquiéter ?

Oui.

Mon chien ne s'entend pas bien avec notre bébé. Que dois-je faire ?

Si, au bout de quelques mois, il vous semble que votre animal domestique ne s'entend vraiment pas avec votre enfant, vous allez peut-être devoir prendre une décision difficile. D'un côté, il s'agit d'une vie humaine que vous aimez comme vous n'avez jamais aimé personne. De l'autre, votre chien était là en premier et, même s'il pète beaucoup et mange parfois ses crottes, il n'occasionne pas beaucoup de frais et ne fait aucun bruit à part de temps en temps un petit gémissement quand il dort. En plus, il a levé bien plus de femelles que votre bébé n'en aura jamais. Ouais… gardez le chien.

Nous n'avons plus fait l'amour avec ma femme depuis l'arrivée du bébé. Devrais-je essayer de me mettre son tire-lait sur le popol ?

Non. Certainement pas. Ne me demandez pas comment je le sais.

On dirait que maintenant que mon enfant sait enfin parler, tout ce qu'il trouve à dire, c'est : « Pourquoi ? » Pourquoi se comporte-t-il ainsi ?

Super, maintenant il vous a contaminé. Les questions incessantes sont l'une des choses les plus ennuyeuses chez un enfant, pas loin derrière la bave, l'incapacité à dormir plus de trois heures d'affilée et l'envie de regarder le même dessin animé au moins quatre-vingt-trois fois par jour à plein volume. La meilleure défense face à ces « Pourquoi ? », c'est d'employer l'une des armes les plus efficaces de votre enfant : l'imitation. La prochaine fois qu'il vous demande « Pourquoi ? », répliquez-lui par un « Pourquoi ? » d'une voix moqueuse haut perchée. Après quelques échanges, il se lassera de vous et retournera aux aventures assourdissantes d'un zèbre grandiloquent, d'un panda shooté ou de tout autre personnage asexué que des informaticiens boutonneux et frustrés de Silicone Valley ont désigné comme particulièrement attirant pour tous les enfants de quatre ans de la planète, sans exception.

Imprimé en Espagne

Dépôt légal : septembre 2012
ISBN : 978-2-7499-1715-3
LAF 1650